Leo Th. Schrutt Markus Enz

AF694188

Anlage Ratgeber

Wegweiser zum Vermögensaufbau

Neu Portfolio App mit AI-Analyse

Haftungsausschluss

Die in diesem Buch enthaltenen Informationen stellen keine Anlageempfehlungen, keine Kauf- oder Verkaufssignale und keine persönliche Beratung dar. Alle Beispiele dienen ausschliesslich der Veranschaulichung und sollen Leserinnen und Leser dabei unterstützen, eigene Recherchen durchzuführen.

Jede Person trifft ihre finanziellen Entscheidungen eigenverantwortlich. Die Autoren übernehmen keine Haftung für Verluste oder Schäden, die aus der Nutzung der dargestellten Inhalte entstehen.

Der wichtigste Grundsatz lautet: Treffen Sie Ihre Anlageentscheidungen selbst und delegieren Sie die Verantwortung nicht an Dritte.

FSC
www.fsc.org
MIX
Papier aus verantwortungsvollen Quellen
Paper from responsible sources
FSC® C105338

Bibliografische Information der Deutschen Nationalbibliothek: Die Deutsche Nationalbibliothek verzeichnet diese Publikation in der Deutschen Nationalbibliografie; detaillierte bibliografische Daten sind im Internet über dnb.dnb.de abrufbar.

Die automatisierte Analyse des Werkes, um daraus Informationen insbesondere über Muster, Trends und Korrelationen gemäß §44b UrhG („Text und Data Mining") zu gewinnen, ist untersagt.

© 2026 Leo Th. Schrutt, Markus Enz

Alle Rechte vorbehalten.

ISBN: 978-3-6963-6358-1

Verlag: BoD · Books on Demand GmbH, Überseering 33, 22297 Hamburg, bod@bod.de

Druck: Libri Plureos GmbH, Friedensallee 273, 22763 Hamburg

Inhalt

Danksagung

Die Idee zu diesem Buch kam uns in Diskussionen über das Buch «Central Banks and Financial Markets», welches Leo Schrutt in seiner Hochschultätigkeit als Lehrbuch verfasste. Wir sagten uns, dass man das Finanzwissen an eine breitere Öffentlichkeit weitergeben sollte.

Weiter faszinierten uns die Möglichkeiten von künstlicher Intelligenz. Mit dem Tool Emergent AI konnten wir eine App entwickeln, die das Buch begleitet und mit welcher man die Themen praktisch und unverbindlich ausprobieren kann.

Andere KI-Tools wie Microsofts Copilot, Anthropics Claude oder Googles NotebookLM und Gemini halfen bei der Erarbeitung der Texte oder der Generierung der Graphiken.

Über dieses Buch

Ganz gleich, wie alt man ist, wie viel man verdient oder welchen Lebensstil man pflegt, begleitet die Frage, wie man Geld spart und Vermögen aufbaut, jeden Menschen. Manche möchten sich Ziele oder Träume erfüllen, andere wollen Sicherheit schaffen oder für das Alter vorsorgen. Finanzielle Entscheidungen gehören zum Alltag, doch viele fühlen sich damit allein gelassen. Dabei ist der Wunsch, sein Geld sinnvoll einzusetzen, universell. Jeder steht irgendwann vor der Frage, wie man aus dem, was man hat, das Beste macht.

Zwischen Informationsflut und Fachjargon

Wer heute eine Zeitung aufschlägt oder online nach Finanzthemen sucht, wird schnell überwältigt. Täglich erscheinen Artikel über Inflation, Zinsen, Aktienmärkte, Immobilienpreise oder neue Anlageformen. Dazu kommen technische Begriffe wie ETF, Volatilität, Diversifikation oder Rebalancing, die für Einsteiger eher abschreckend wirken. Was eigentlich einfach sein sollte, Geld sparen und anlegen, erscheint plötzlich kompliziert und voller Fallstricke. Viele Menschen zögern deshalb, überhaupt anzufangen, aus Angst, etwas falsch zu machen.

Der Lärm der schnellen Versprechen

Parallel dazu drängen selbsternannte Finanz-Influencer oder Gurus in die sozialen Medien und versprechen schnellen Reichtum mit Hype-Anlagen wie z.B. Kryptowährungen, spekulativen Einzelaktien oder fragwürdigen Trading-Strategien. Die Botschaft lautet oft: «Du musst nur mutig sein und sofort einsteigen.» Doch diese Versprechen blenden Risiken aus und vermitteln ein verzerrtes Bild davon, wie nachhaltiger Vermögensaufbau funktioniert. Zwischen Fachjargon auf der einen Seite und übertriebenen Heilsversprechen auf der anderen verlieren viele Menschen das Vertrauen in ihre eigenen Entscheidungen.

Ein Überblick, der Orientierung schafft

Die Welt der Geldanlage wirkt auf viele Menschen unübersichtlich. Es gibt unzählige Begriffe, Produkte und Strategien, die oft nur Fachleute wirklich verstehen. Dieses Buch möchte genau hier ansetzen: Es soll einen verständlichen Überblick über die wichtigsten Anlage-Themen geben und die Begriffe erklären, die man in Zeitungen, Bankgesprächen oder Online-Artikeln ständig hört. Ziel ist es, die Komplexität zu reduzieren und Leser in die Lage zu versetzen, fundierte Entscheidungen zu treffen, ohne sich von Fachjargon einschüchtern zu lassen.

Lernen durch Ausprobieren

Theorie ist wichtig, aber wirkliche Sicherheit entsteht erst, wenn man Dinge selbst ausprobiert. Deshalb begleitet dieses Buch eine **Portfolio-Tracker App**, mit der Leser konkrete Beispiele simulieren können. Man sieht, wie sich unterschiedliche Strategien über Jahre entwickelt hätten, welche Schwankungen auftreten und wie sich verschiedene Risikoprofile auswirken. Dieses praktische Element macht das Thema greifbar: Man erlebt, wie Märkte funktionieren, ohne eigenes Geld zu riskieren. Lernen wird dadurch nicht nur verständlicher, sondern auch motivierender.

Chancen nutzen, Risiken verstehen

Jede Anlageform bringt Chancen, aber auch Risiken mit sich. Dieses Buch verschweigt keine davon. Es zeigt, wie man Risiken erkennt, wie man sich davor schützen kann und warum manche Risiken unvermeidbar, aber tragbar sind. Gleichzeitig soll es Mut machen: Wer die Grundlagen versteht und eine zu sich passende Strategie wählt, kann langfristig Vermögen aufbauen, ohne sich von kurzfristigen Schwankungen oder lauten Versprechen aus dem Internet verunsichern zu lassen. Das Buch möchte Leser befähigen, selbstbewusst und informiert zu handeln.

Psychologie: Der oft unterschätzte Faktor

Beim Anlegen geht es nicht nur um Zahlen, Renditen und Strategien, sondern es geht vor allem um Menschen. Die grössten Fehler entstehen selten durch mangelndes Wissen, sondern durch Emotionen. Angst, Gier, Ungeduld oder der Wunsch, nichts zu verpassen, beeinflussen Entscheidungen stärker, als viele zugeben möchten.

Die Psychologie ist deshalb ein zentraler Bestandteil jeder Anlagestrategie. Wer seine eigenen emotionalen Muster kennt, kann bewusstere Entscheidungen treffen und vermeidet impulsive Handlungen, die langfristig teuer werden.

Wie Anleger auf Kursschwankungen reagieren

Die entscheidende Frage lautet: Wie gehe ich persönlich mit fallenden Kursen, also Verlusten um? Wenn die Märkte einbrechen, reagieren manche Anleger ruhig und bleiben ihrer Strategie treu. Andere hingegen geraten unter Stress, verfolgen täglich die Nachrichten und überlegen, alles zu verkaufen. Diese Reaktion ist kein Zeichen von Schwäche, sondern ein Hinweis auf die individuelle Risikotoleranz. Wer bei jedem Rückgang nervös wird, braucht eine defensivere Strategie. Nicht, weil er weniger intelligent wäre, sondern weil eine Strategie nur funktioniert, wenn man sie emotional durchhalten kann.

Tipp:

Es lohnt sich nicht, jeden Tag Börsenkurse nachzulesen. Das ist Zeitverschwendung und irrelevant.

Wie viel Risiko kann man wirklich tragen?

Risikobereitschaft bedeutet nicht, mutig zu wirken oder hohe Renditen anzustreben. Sie bedeutet, ehrlich einzuschätzen, wie viel des eigenen Vermögens und Erspartem man in Anlagen investieren kann, die schwanken und wie man sich dabei fühlt. Ein Anleger, der nachts schlecht schläft, weil sein Depot im Minus ist, hat zu viel Risiko im Portfolio. Ein anderer, der Schwankungen gelassen aussitzt, kann einen höheren Aktienanteil tragen. Wie man sehen wird, ist dabei der Zeithorizont eine wichtige Grösse. Die Kunst besteht darin, eine Balance zu finden: genug Risiko, um langfristig attraktive Renditen zu erzielen, aber nicht so viel, dass die eigene Psyche zum grössten Feind wird.

Weniger Optionen, als man denkt

Wenn man sich durch die Welt der Finanzprodukte bewegt, wirkt alles zunächst grenzenlos: Aktien, ETFs (Exchange Traded Funds), Obligationen (festverzinsliche Wertpapiere), Immobilienfonds, Rohstoffe, Kryptowährungen und unzählige Spezialprodukte. Doch je tiefer man eintaucht, desto klarer wird: Für die meisten Anleger bleiben am Ende nur wenige wirklich sinnvolle und verstandene Optionen übrig. Oder um es mit der Investment-Legende Warren Buffet auszudrücken: «Understand always what you are doing.» Die Kombination aus persönlicher Risikobereitschaft, Zeithorizont und finanzieller Situation schränkt die Auswahl stark ein und das ist etwas Gutes. Einfache, robuste Lösungen funktionieren langfristig besser als komplexe Konstrukte, die nur auf dem Papier glänzen.

Regelmässiges Sparen als Schlüssel

Eine der wichtigsten Erkenntnisse dieses Buches lautet: Vermögensaufbau beginnt nicht mit der perfekten Anlage, sondern mit der Bereitschaft, regelmässig zu sparen. Wer Monat für Monat einen Betrag zur Seite legt, schafft die Grundlage für alles Weitere. Selbst kleine Beträge entfalten über die Jahre eine erstaunliche Wirkung, weil sie sich summieren und vom Zinseszinseffekt profitieren. Dieser wird verständlich beschrieben. Sparen ist kein spektakulärer Schritt, aber es ist der verlässlichste. Ohne Sparen gibt es kein Vermögen, mit Sparen entsteht es fast automatisch. Wenn man eine grosse Summe erbt, muss man eventuell nicht mehr sparen. Aber auch diese gilt es anzulegen.

Wie das Sparkapital sinnvoll angelegt wird

Dieses Buch zeigt, wie man das gesparte Geld vernünftig investiert, ohne sich in komplizierten Produkten oder tausenden von Alternativen zu verlieren. Wir erklären, welche Anlageklassen für welche Ziele geeignet sind, wie man Risiken einschätzt und wie man ein Portfolio aufbaut, das zur eigenen Lebenssituation passt. Dabei geht es nicht darum, schnelle Gewinne zu jagen, sondern eine solide, langfristige Strategie zu entwickeln. Wer regelmässig spart und sein Kapital klug anlegt, braucht weder Glück noch Spezialwissen. Er braucht nur Disziplin, Geduld und ein grundlegendes Verständnis der wichtigsten Prinzipien.

Portfolio Tracker App

Eine App, die das Buch lebendig macht

Dieses Buch wird von einer App begleitet, die es Leserinnen und Lesern ermöglicht, die Inhalte nicht nur zu verstehen, sondern auch praktisch zu erleben.

Jede Empfehlung, jede Erklärung und jeder Mythos kann direkt in der App getestet werden. Dort lassen sich Portfolios aus verschiedenen Wertanlagen zusammen-stellen und simulieren, wie sich diese in der Vergangenheit entwickelt hätten. So wird aus Theorie echte Erfahrung ohne Risiko und ohne finanziellen Einsatz.

Portfolios erstellen, analysieren und vergleichen

In der App können Nutzerinnen und Nutzer Wertanlagen suchen, auswählen und zu eigenen Portfolios kombinieren. Jedes Portfolio zeigt, wie sich die gewählten Anlagen über die Zeit entwickelt hätten. Damit wird sichtbar, wie stark Diversifikation wirkt, wie volatil einzelne Anlagen sein können und wie sich unterschiedliche Strategien im Vergleich schlagen.

Zu jedem Portfolio kann zusätzlich eine KI-Analyse abgerufen werden, die Chancen, Risiken und Auffälligkeiten bewertet. Auch für jede einzelne Anlage steht eine KI-Einschätzung zur Verfügung. Dies ist hilfreich, um Kennzahlen besser einzuordnen und die eigene Entscheidungsfähigkeit zu stärken.

Eine der wichtigen Annahmen in der rationalen Theorie und Praxis ist, dass sich die Geschichte auch in Zukunft fortsetzen wird. Es ist klar, dass dies nur eine «Annahme» ist. Zweitens wird behauptet, dass in den sogenannt effizienten Märkten alle verfügbaren Informationen im heutigen Kurs verarbeitet sind. Das bedeutet, dass man auch mit noch mehr oder besserer Information den zukünftigen Kurs nicht voraussagen kann.

Willkommens-Bildschirm

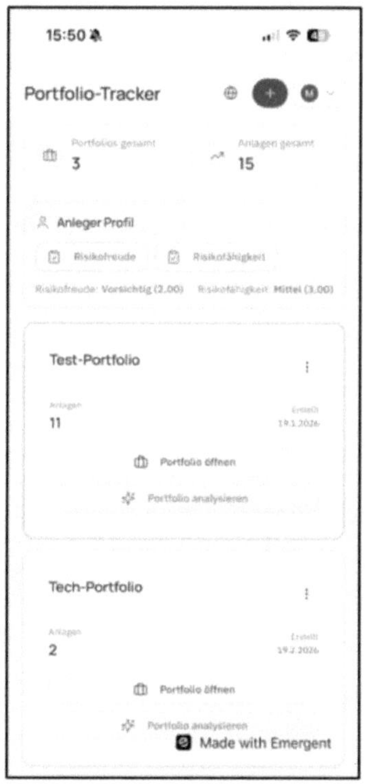

Hauptseite mit den Portfolios

Das persönliche Risikoprofil bestimmen

Ein zentrales Element der App ist die Möglichkeit, das eigene Risikoprofil zu bestimmen. Zwei Fragebogen – einer zur Risikofreude, einer zur Risikofähigkeit – helfen dabei, die persönliche Anlagestrategie besser zu verstehen. Risikofreude bezieht sich auf den emotionalen Faktor, Risikofähigkeit auf Zahlen und Fakten. Die Ergebnisse zeigen, welche Art von Portfolio zu den eigenen finanziellen Möglichkeiten und zur individuellen Komfortzone passt. Diese Selbsteinschätzung bildet die Grundlage für Entscheidungen und hilft, typische Anlegerfehler zu vermeiden.

Tipp:

Spiele mit der Gratis-App. Du wirst ein Gefühl bekommen, ob Deine Ersparnisse Deiner Risikotoleranz entsprechen.

Die Hauptseite: Der zentrale Einstiegspunkt

Nach der Registrierung gelangen Nutzerinnen und Nutzer auf die Hauptseite der App. Dort können sie:

- Sprache festlegen (Deutsch oder Englisch, über das Welt-Symbol)
- Fragebogen zu Risikofreude und Risikofähigkeit ausfüllen
- neue Portfolios anlegen (über den +-Button)
- bestehende Portfolios öffnen
- oder ein Portfolio durch die KI analysieren lassen
  (dieser Vorgang benötigt etwas Zeit)

Die Bedienung ist bewusst einfach gehalten, damit sich auch Einsteiger schnell zurechtfinden.

Detailansichten: Kursverläufe, Kennzahlen und KI-Analysen

Innerhalb eines Portfolios werden alle Anlagen übersichtlich als Liste dargestellt. Zu jeder Position stehen mehrere Funktionen bereit:

- **Grafik-Icon**: führt zum Kursverlauf der Anlage

- **Info-Icon (ⓘ)**: öffnet ein Fenster mit den wichtigsten Kennzahlen
- **KI-Analyse-Button**: startet eine Online-Analyse der Anlage (dieser Vorgang kann etwas dauern)

Für alle zentralen Kennzahlen sind kurze, verständliche Erklärungen hinterlegt, ebenfalls über ein Info-Symbol abrufbar. So wird die App nicht nur zum Analysewerkzeug, sondern auch zu einem Lerninstrument.

Wie komme ich zur App?

Die Begleit-App zu diesem Buch ist unter folgendem Link erreichbar:

https://portfolio-tracker.ch

Sie kann sowohl auf dem Smartphone als auch auf dem PC genutzt werden. Für den schnellen Zugriff findest du hier zusätzlich den QR-Code:

Die Registrierung ist einfach: Man kann sich entweder mit einer E-Mail-Adresse anmelden oder bequem über einem Google-Account einloggen. Am komfortabelsten ist es, die App direkt zum Home-Bildschirm hinzuzufügen – so ist sie jederzeit mit einem Fingertipp erreichbar.

Tipp:

Installiere die App auf dem Home-Bildschirm

Vermögensverteilung

In **Deutschland** besitzen viele Menschen ein beachtliches Vermögen, oft in Form von Sparguthaben, Lebensversicherungen oder Immobilien. Doch nur wenige investieren dieses Geld in Wertschriften wie Aktien oder ETFs. Dadurch bleiben grosse Chancen für den langfristigen Vermögensaufbau ungenutzt.

In **Österreich** ist das Vermögen ein wenig grösser als in Deutschland, aber der Wertschriftenbesitz ist noch weniger verbreitet als in Deutschland.

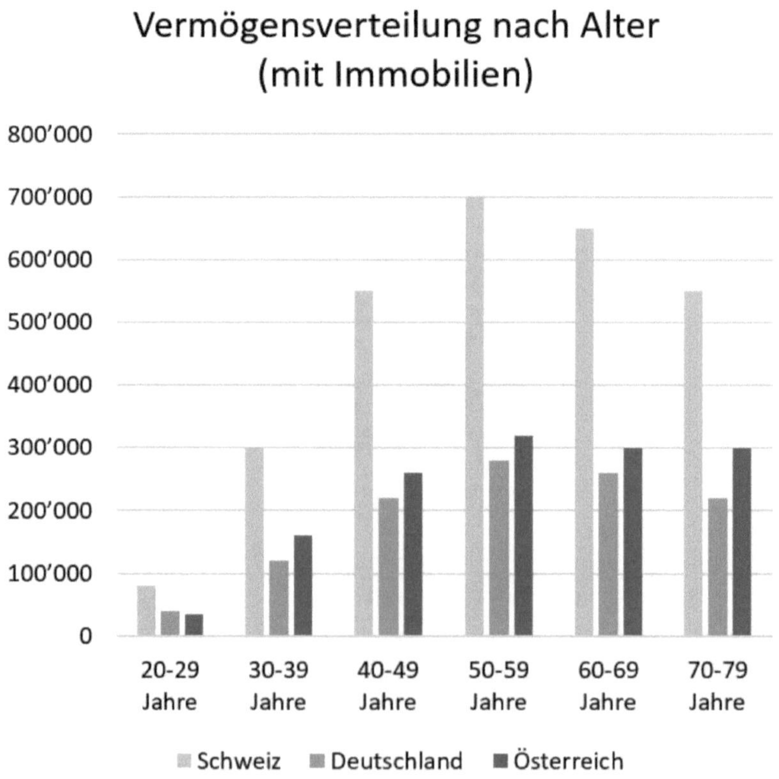

Quelle: OECD

In der **Schweiz** sind die Vermögen erwartungsgemäss höher und der Wertschriftenbesitz verbreiteter als in Deutschland und Österreich, aber es gibt auch in der Schweiz noch Potenzial.

Im Diagramm sieht man, welche Vermögen (inklusive Immobilienbesitz) in den drei Ländern (DACH-Region) im Mittel vorhanden sind. Hier ist der Median dargestellt. Das ist der Wert, bei welchem die Hälfte der Leute weniger und die andere Hälfte mehr haben.

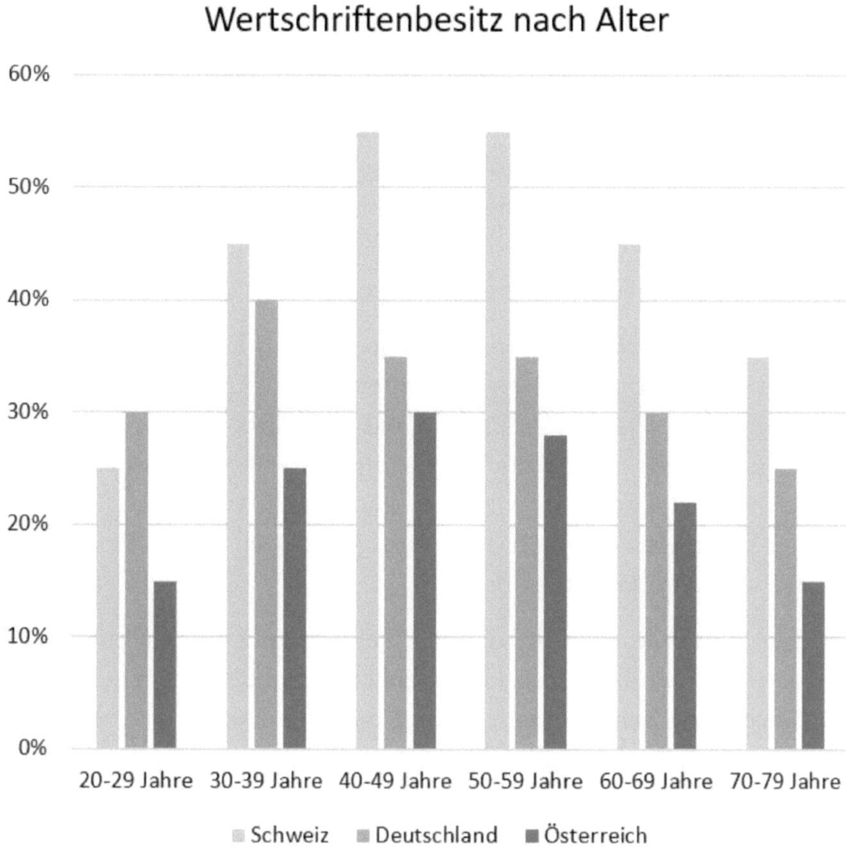

Quelle: Copilot

Das Diagramm zeigt, welcher Prozentsatz der verschiedenen Altersgruppen Wertschriften besitzt. Deutschland und Österreich scheinen sehr zurückhaltend zu sein.

Weniger als 40% der Bevölkerung hat Wertschriften. So ist es schwierig, Vermögen aufzubauen. In der Schweiz sind es bei den 40-60 Jährigen über die Hälfte der Bevölkerung. Aber auch hier gibt es noch Potenzial.

Dadurch, dass Wertschriften nur wenig, als Anlage benutzt werden, bleiben grosse Chancen für den langfristigen Vermögensaufbau ungenutzt. Während andere Länder eine starke Aktienkultur entwickelt haben, z.B. im angelsächsischen Raum herrscht hier oft Zurückhaltung geprägt von Skepsis gegenüber Börsen, schlechten Erfahrungen aus der Vergan-genheit oder dem Wunsch nach absoluter Sicherheit. Das Ergebnis ist paradox: Obwohl Vermögen vorhanden ist, wächst es kaum, weil es nicht produktiv arbeitet. Wer jedoch einen Teil seines Geldes investiert, kann langfristig deutlich mehr erreichen, ohne unnötige Risiken einzugehen.

Nicht investiertes Geld fehlt der Wirtschaft

Wenn grosse Teile des privaten Vermögens unproduktiv auf Sparkonten liegen, hat das nicht nur Folgen für den einzelnen Anleger, sondern auch für die gesamte Volkswirtschaft. Geld, das nicht investiert wird, steht Unternehmen nicht als Kapital zur Verfügung weder für Innovationen noch für Wachstum oder neue Arbeitsplätze. Länder mit einer ausgeprägten Aktienkultur profitieren davon, dass privates Vermögen produktiv eingesetzt wird und so die Wirtschaft stärkt.

In Europa hingegen führt die weit verbreitete Zurückhaltung gegenüber Wertschriften dazu, dass ein erheblicher Teil des Vermögens brachliegt. Brachliegen heisst, dass Geld auf dem Bankkonto in der heutigen Zeit praktisch nicht verzinst wird. Bei Inflation ist das Ersparte in diesem Umfeld real immer weniger wert. Das brachliegende Geld bremst das Wirtschaftswachstum und verhindert, dass Unternehmen schneller expandieren oder neue Technologien entwickeln können. Wer investiert, baut also nicht nur eigenes Vermögen auf, sondern trägt auch dazu bei, dass die

Wirtschaft insgesamt dynamischer wird.

Mythen

Die Welt der Geldanlage ist voller Mythen, das sind hartnäckige Vorstellungen, die sich über Jahrzehnte gehalten haben, obwohl sie durch Daten, Forschung und praktische Erfahrung längst widerlegt sind oder nicht bestätigt werden konnten. Ein Beispiel der Börsianer ist: «Sell in May and go away.» Man soll also im Mai seine Aktien verkaufen und abwarten. Die Frage «wieso?» wird nicht stringent beantwortet.

Viele dieser Mythen klingen plausibel, manche sogar intuitiv richtig, doch genau darin liegt ihre Gefahr: Sie verleiten Anlegerinnen und Anleger zu Entscheidungen, die langfristig mehr schaden als nützen. In diesem Kapitel räumen wir mit einigen der verbreitetsten Irrtümer auf und zeigen, was wirklich zählt. Unser Ziel ist es, diese Mythen nicht nur zu hinterfragen, sondern sie klar und verständlich zu entkräften, damit fundierte Entscheidungen an die Stelle von vermeintlichen Wahrheiten treten.

Mythos 1: Man muss die richtigen Aktien wählen

Einer der hartnäckigsten Mythen in der Anlageberatung lautet, dass erfolgreiche Geldanlage vor allem darin besteht, die richtigen Aktien zu finden (sog. stock picking), jene wenigen Gewinner, die den Markt schlagen. Diese Vorstellung ist intuitiv verlockend, aber empirisch falsch. Selbst professionelle Anlagespezialisten, die täglich Unternehmen analysieren, Geschäftsberichte studieren und komplexe Bewertungsmodelle anwenden, schaffen **es selten bis nie**, über längere Zeiträume besser abzuschneiden als ein einfacher Marktindex.

Zahlreiche Studien zeigen: Die Mehrheit der aktiv verwalteten Fonds bleibt **hinter dem Markt zurück**, und zwar nicht nur gelegentlich, sondern systematisch. Die Gründe dafür sind vielfältig: Hohe Kosten, menschliche Fehlurteile, übertriebene Handelsaktivität und vor allem die grundlegende Unvorhersehbarkeit der Märkte. Aktienkurse reagieren auf unzählige Faktoren, von geopolitischen Ereignissen über technologische Entwicklungen bis hin zu Stimmungen und Erwartungen. Diese Komplexität macht es nahezu unmöglich, dauerhaft die Gewinner von morgen zu identifizieren.

Tipp:

Analysiere nicht einzelne Firmen. Das ist Zeitverschwendung. Es sei denn, eine Firma interessiert Dich persönlich.

Besonders bemerkenswert ist ein weiterer Befund: **Zufällig ausgewählte Aktienportfolios schneiden oft besser ab als die Portfolios von Spezialisten.** Das klingt paradox, ist aber ein logisches Ergebnis der Marktstruktur. Ein kleiner Teil der Aktien trägt überproportional zur langfristigen Marktrendite bei. Wer versucht, diese wenigen Ausreisser gezielt auszuwählen, scheitert meist daran, sie rechtzeitig zu erkennen. Wer hingegen zufällig streut, hat statistisch eine höhere Chance, ganz ohne Analyseaufwand einige dieser Gewinner im Portfolio zu haben. Es gibt das berühmte Beispiel, als man die Portfolios von Profis mit einem von Affen zufällig mit Dart-Pfeilen auf das Kursblatt einer Zeitung ausgewählten Portfolio verglich. Man rate wer gewonnen hat: Zufall!

Der Mythos vom «richtigen stock picking» hält sich hartnäckig, weil Erfolgsgeschichten spektakulär sind und sich gut erzählen lassen. Doch die nüchterne Realität lautet: **Breite Diversifikation schlägt gezielte Auswahl.** Nicht, weil Diversifikation klüger wäre, sondern weil Märkte unvorhersehbar sind und niemand, auch kein Profi, zuverlässig weiss, welche Aktie als Nächstes durchstartet. Die gute Nachricht: Es gibt kostengünstige Fonds, die dies widerspiegeln.

Mythos 2: Der richtige Zeitpunkt zum Kaufen oder Verkaufen einer Aktie ist entscheidend

Viele Anlegerinnen und Anleger glauben, dass erfolgreiche Geldanlage vor allem darin besteht, den perfekten Moment zu erwischen (Timing): günstig kaufen, teuer verkaufen. Die Idee klingt logisch, ist aber in der Praxis ein Trugschluss. **Den richtigen Zeitpunkt gibt es nicht**, und wer versucht, ihn zu finden, verpasst ihn fast garantiert.

Aktienmärkte bewegen sich nicht gleichmässig. Oft passiert über Wochen oder Monate wenig, und dann steigen die Kurse plötzlich in wenigen Tagen oder sogar Stunden stark an. Diese kurzen, intensiven «Sprints» machen einen erheblichen Teil der langfristigen Rendite aus. Studien zeigen, dass die Rendite extrem leidet, wenn man einen oder mehrere «Sprints» verpasst.

Wer während dieser Phasen nicht investiert ist, sei es aus Vorsicht, aus Timing-Versuchen oder weil man auf ein vermeintlich besseres Einstiegsniveau wartet, vergibt einen grossen Teil der möglichen Performance.

Zahlreiche Analysen zeigen: **Schon das Verpassen weniger der besten Tage eines Jahres kann die Rendite drastisch reduzieren**. Und weil niemand weiß, wann diese Tage kommen, ist Market Timing nicht nur schwierig, sondern statistisch gesehen ein Verlustgeschäft. Selbst Profis, die täglich Märkte beobachten, schaffen es nicht, diese Wendepunkte zuverlässig vorherzusagen.

Die bessere Strategie ist deshalb erstaunlich unspektakulär: **Kaufen und Halten (buy and hold).** Wer langfristig investiert bleibt, nimmt die unvermeidlichen Rückschläge in Kauf, profitiert aber gleichzeitig von den starken Aufwärtsphasen, die den Großteil der Rendite ausmachen. Geduld schlägt Timing. Nicht, weil Geduld klüger wäre, sondern weil Märkte unberechenbar sind.

Tipp:

Setze auf die "buy and hold" Strategie. So verpasst Du die Anstiege nicht, welche für die Performance verantwortlich sind.

Mythos 3: Es braucht komplexe Analysen und AI-ähnliche Muster-Erkennung, um an den Börsen zu gewinnen.

In einer Zeit, in der Datenströme unendlich erscheinen und künstliche Intelligenz in fast jedem Lebensbereich Einzug hält, wirkt es plausibel, dass erfolgreiche Geldanlage nur noch mit hochkomplexen Algorithmen, Mustererkennung und automatisierten Handelssystemen möglich sei. Doch dieser Eindruck täuscht. **Bis heute ist kein Ansatz weder die klassische Charttechnik noch die moderne KI-gestützte Musteranalyse in der Lage gewesen, systematisch bessere Ergebnisse zu erzielen als der breite Markt.**

Seit Jahrzehnten versuchen Analysten, mit verschiedenen Methoden (z.B. Fundamentalanalysen, Chartismus ...) in Kursverläufen wiederkehrende Muster zu identifizieren. Die Basis dafür lautet, dass im heutigen Börsenkurs am Markt sämtliche historischen Informationen enthalten sind, weil die Märkte effizient sein sollen. Ein theoretisches Konzept. Man hat nach allen möglichen Mustern gesucht: Formationen, Trendlinien, Signale. Ebenso haben unzählige algorithmische Modelle versucht, aus historischen Daten Vorhersagen abzuleiten. Doch die Realität ist ernüchternd: **Keines dieser Systeme hat langfristig eine Überrendite erzielt**, die über Zufall hinausgeht.

Auch im Internet werden unzählige Kauf- und Verkaufssignale angepriesen: «Wenn dieses Muster erscheint, steigt die Aktie», «Wenn dieser Indikator fällt, unbedingt verkaufen». Doch diese Versprechen halten einer nüchternen Überprüfung nicht stand. **Keines dieser Signale hat jemals zuverlässig zu besserer Performance geführt**. Viele funktionieren nur rückblickend, weil man im Nachhinein immer ein Muster findet, das gepasst hätte.

Der Grund dafür ist einfach: **Aktienmärkte sind komplexe, adaptive Systeme**, in denen unzählige Faktoren gleichzeitig wirken. Sobald ein vermeintliches Muster entdeckt und genutzt wird, verschwindet es, weil der Markt es einpreist. Was bleibt, ist die Erkenntnis, dass langfristiger Anlageerfolg nicht aus der Jagd nach Mustern entsteht, sondern aus einer robusten, breit diversifizierten Strategie.

Mythos 4: Ich muss jeden Tag die Börsenkurse studieren und sofort reagieren

Viele Menschen glauben, dass erfolgreiche Geldanlage ein Vollzeitjob sei: täglich Kurse beobachten, Nachrichten verfolgen, sofort reagieren, wenn sich etwas bewegt. Diese Vorstellung ist weit verbreitet und dennoch grundlegend falsch. **Ständiges Beobachten und hektisches Handeln führen nicht zu besseren Ergebnissen**. Im Gegenteil: Wer permanent versucht, auf jede Kursbewegung zu reagieren, trifft oft impulsive Entscheidungen und verpasst die langfristigen Chancen.

Selbst professionelle Daytrader, die im Minutentakt kaufen und verkaufen, erzielen **keine bessere Performance** als langfristige Anlegerinnen und Anleger. Die meisten von ihnen schneiden sogar schlechter ab, weil häufiges Handeln Kosten (Transaktionskosten) verursacht, Stress erzeugt und zu Fehlentscheidungen führt. Die Idee, man könne durch ständige Aufmerksamkeit einen Vorteil gewinnen, hält einer nüchternen Analyse nicht stand. Den Weltkonzern Nestlé und dessen Aktienkurs bewege ich nicht, weil ich täglich, ja sogar mehrmals, den aktuellen Kurs wissen will.

Der Grund ist einfach: **Märkte sind kurzfristig chaotisch und nicht vorhersehbar.** Die meisten Kursbewegungen sind zufällig und haben keinen langfristigen Informationswert. Wer versucht, daraus ein Muster abzuleiten, jagt Illusionen hinterher. Langfristig zählt nicht, wie oft man handelt, sondern wie konsequent man investiert bleibt.

Anlageklassen

Anlageklasse Cash

Cash also Bargeld, Sichtguthaben auf dem Konto oder sehr kurzfristige Bankeinlagen gilt als die sicherste Form der Geldanlage. Es schwankt nicht im Wert, ist jederzeit verfügbar und eignet sich hervorragend als Notgroschen oder kurzfristige Reserve (Achtung bei Sparkonten kann es Einschränkungen in der Verfügbarkeit geben). Doch im heutigen Umfeld mit niedrigen Zinsen und gleichzeitig spürbarer Inflation verliert Cash an Attraktivität.

Während die Zinsen kaum Erträge bringen, steigen die Preise für Güter und Dienstleistungen weiter. Das bedeutet: Die Kaufkraft des Geldes nimmt über die Zeit ab, selbst wenn der Kontostand gleichbleibt. Wer also grosse Teile seines Vermögens langfristig in Cash hält, trägt ein oft unterschätztes Risiko – das Risiko des realen Wertverlusts.

Trotzdem hat Cash eine wichtige Rolle im Portfolio. Es bietet Stabilität, Liquidität und psychologische Sicherheit. Gerade für Einsteiger ist es beruhigend zu wissen, dass ein Teil des Geldes jederzeit verfügbar ist und nicht schwankt. Cash eignet sich besonders für kurzfristige Ziele, unerwartete Ausgaben und als Puffer in unsicheren Lebensphasen, der Notgroschen. Entscheidend ist jedoch, Cash bewusst einzusetzen: als Sicherheitsanker, nicht als langfristige Anlage. Wer über mehrere Jahre Vermögen aufbauen möchte, braucht Anlagen, die eine Chance bieten, die Inflation zu schlagen, auch wenn sie kurzfristig schwanken.

Risiko Bankencrash

Von Bert Brecht stammt das Zitat:

„Bankraub ist eine Unternehmung von Dilettanten. Wahre Profis gründen eine Bank.“

Brecht meint damit, dass die «legale» Ausbeutung durch Banken schlimmer sei als individuelle Kriminalität. Es kann aber auch so gelesen werden, dass es Situationen gibt, wo das Geld auf dem Bankkonto wirklich verloren gehen kann. Dazu muss man verstehen, wie Banken funktionieren.

Wie Banken Geld schöpfen

Wenn jemand 100 Fr. auf sein Bankkonto einzahlt, verschwindet dieses Geld nicht im Tresor. Die Bank muss davon nur einen kleinen Teil als Reserve behalten zum Beispiel 10 Fr. Mit den restlichen 90 Fr. darf sie arbeiten und sie als Kredit vergeben. Der Kreditnehmer kauft damit Waren oder Dienstleistungen oder er nimmt eine Hypothek und das Geld landet am Ende wieder auf einem anderen Bankkonto.

So existieren plötzlich **zwei Konten mit insgesamt 190 Fr.**, obwohl ursprünglich nur 100 Fr. eingezahlt wurden. Die Bank muss von den neuen 90 Fr. wieder 10 % als Reserve halten und kann 81 Fr. weiterverleihen. Dieser Prozess setzt sich fort, bis aus den ursprünglichen 100 Fr. durch wiederholte Kreditvergabe und Einzahlungen **rund 1'000 Fr. Buchgeld** entstanden sind und natürlich ebenso viele Schulden.

Warum dieses System funktioniert – und wo es verwundbar ist

Dieses System der Geldschöpfung funktioniert, solange die Menschen Vertrauen haben und ihr Geld nicht gleichzeitig abheben wollen. Denn obwohl auf den Konten viel mehr Geld steht, existiert es nur als **Buchgeld**. Die Bank hält tatsächlich nur einen kleinen Bruchteil davon als Bargeld oder Zentralbankguthaben bereit.

Wenn aber viele Kunden gleichzeitig ihr Geld beziehen möchten, etwa in einer Finanzkrise, kann die Bank die Auszahlungen nicht bedienen. Das nennt man einen **Bank Run**. In solchen Situationen kann eine Bank trotz aller Regeln und Aufsicht insolvent werden.

Was passiert, wenn eine Bank Pleite geht

Geht eine Bank tatsächlich unter, sind die Guthaben der Kunden nur bis zu einem bestimmten Betrag geschützt. Der Staat bürgt für einen Teil der auf den Konten liegenden Gelder und bezahlt diese aus. Der Rest geht verloren. Der garantierte Betrag beträgt in

- **Deutschland**: 100'000 € pro Person und Bank
- **Österreich:** 100'000 € pro Person und Bank
- **Schweiz:** 100'000 Fr. pro Person und Bank

Alles darüber hinaus ist nicht garantiert und kann verloren gehen. Wertpapiere wie **Aktien oder ETFs** sind davon nicht betroffen, aber Geld auf dem Konto ist nicht so sicher, wie viele Menschen glauben. Es ist Teil eines Systems, das auf Vertrauen basiert und dieses Vertrauen ist entscheidend dafür, dass unser Geld überhaupt funktioniert.

Anlageklasse Festgeld

Festgeld oder Termingeld bietet Sicherheit und Planbarkeit: Man legt einen Betrag für eine feste Laufzeit zu einem garantierten Zinssatz an und weiss genau, was man am Ende erhält. Die Verzinsung ist meist höher als bei einem normalen Sparkonto, und das Risiko ist gering, solange man bei seriösen Banken bleibt. Allerdings ist das Geld während der Laufzeit gebunden, und man kann nicht flexibel reagieren, wenn sich bessere Anlagechancen ergeben oder man kurzfristig Liquidität benötigt. Gängige Laufzeiten sind 6 oder 12 Monate (Geldmarkt).

Im aktuellen Umfeld zeigt sich eine Schwäche dieser Anlageform: Die Zinsen auf Festgeld liegen häufig unter der Inflationsrate. Das bedeutet, dass Festgeld zwar nominal wächst, aber real also nach Abzug der Teuerung an Kaufkraft verliert. Festgeld eignet sich deshalb vor allem für **klar termi-**

nierte, mittelfristige Ziele, bei denen Sicherheit wichtiger ist als Rendite. Beispiel: Du kaufst heute ein Auto für 60'000 Fr., welches erst in 6 Monaten geliefert wird und dann zur Zahlung fällig. Dann kann man das Geld für 6 Monate als Festgeld anlegen. Für langfristigen Vermö-gensaufbau ist es hingegen nur bedingt geeignet, weil andere Anlageklassen langfristig eine deutlich bessere Chance bieten, die Inflation zu übertreffen.

In der Schweiz werden Festgelder für Privatkunden meist erst ab sehr hohen Beträgen angeboten häufig **ab rund 50'000 Fr.**, teilweise sogar deutlich darüber. In Deutschland und Österreich hingegen sind Festgeldanlagen bereits **ab kleinen Summen** möglich, oft ab wenigen hundert bis einigen tausend Euro. Die dort angebotenen Zinsen liegen jedoch aktuell **nur knapp über der Teuerung**, sodass der reale Ertrag meist gering bleibt. Deshalb eignen sich Festgelder nur **in Ausnahmefällen**, etwa wenn kurzfristige Planungssicherheit wichtiger ist als Rendite. Für langfristigen Vermögensaufbau spielen sie dagegen kaum eine Rolle.

Anlageklasse Obligationen

Obligationen, oft auch Anleihen oder Rentenpapiere genannt gehören zu den defensiven Anlageklassen. Sie repräsentieren ein **Fremdkapital-Investment**, bei dem Anleger einem Staat, einer Gemeinde oder einem Unternehmen Geld leihen und dafür regelmässige Zinszahlungen sowie die Rückzahlung des Nominalwerts am Ende der Laufzeit erhalten. Der Ertrag setzt sich typischerweise aus dem festen oder variablen Coupon und möglichen Kursgewinnen oder Kursverlusten während der Laufzeit zusammen. Die Zahlungsströme sind planbar. Emittenten mit hoher Bonität sind relativ zuverlässig. Obligationen werden häufig genutzt, um Portfolios zu stabilisieren und Schwankungen zu reduzieren. Obligationen schwanken meist weniger als Aktien.

Die Bonität einer Obligation beschreibt die finanzielle Stärke eines Emittenten und damit die Wahrscheinlichkeit, dass Zinsen und Rückzahlung zuverlässig erfolgen. Ratingagenturen wie Standard & Poor's, Moody's oder Fitch bewerten diese Kreditwürdigkeit mit Skalen von AAA/Aaa (sehr hohe Sicherheit) bis CCC/Caa (hohes Ausfallrisiko). Gute Bonität, oft Investment Grade genannt, bedeutet stabile Finanzen, geringe Ausfallwahrscheinlichkeit und entsprechend tiefere Renditen. Schlechte Bonität oder High Yield (hohe Rendite) genannt, weist auf höhere Verschul-dung oder unsichere Geschäftsmodelle hin, was zu höheren Zinsen, stärkeren Kursschwankungen sowie einem erhöhten Risiko führt. Für Anleger ist die Bonität entscheidend, weil sie direkt bestimmt, wie sicher eine Obligation ist und welche Rendite sie dafür erwarten können. Die Staatsobligationen der Schweiz, Deutschlands und Österreichs haben ein AAA-Rating. Sie sind also sehr sicher, haben aber tiefe Zinsen.

Ihr Verhalten unterscheidet sich deutlich von Aktien: Obligationen reagieren sensibel auf **Zinsänderungen**, Bonitätsveränderungen und andere Indikatoren wie Inflationserwartungen. Steigen die Marktzinsen, fallen die Obligationenkurse und umgekehrt. Gleichzeitig bieten sie Anlegern die Möglichkeit, je nach Risikoprofil zwischen Staatsanleihen, Unternehmensanleihen, inflationsgeschützten Papieren oder Hochzinsanleihen zu wählen. Dadurch lassen sich Rendite, Risiko und Laufzeit gezielt steuern. In einem ausgewogenen Portfolio dienen Obligationen oft als **Stabilisator**, der Erträge glättet und in turbulenten Marktphasen für mehr Berechenbarkeit sorgt.

Tipp:

Banken empfehlen Obligationen/Rentenpapiere als Absicherung. Wir raten im aktuellen Zins- und Inflationsumfeld davon ab.

Warum Obligationen heute eher keine Rendite bieten

Obligationen gelten traditionell als sicherer Hafen: planbare Zinszahlungen, überschaubares Risiko, klare Laufzeiten. Doch Sicherheit allein reicht nicht, wenn die reale Kaufkraft des investierten Geldes schwindet. Genau das passiert im aktuellen Zinsumfeld häufig. Die nominalen Renditen vieler Anleihen liegen zwar wieder über den Tiefstständen der vergangenen Jahre, bleiben aber dennoch unterhalb der Inflationsrate.

Für Anlegerinnen und Anleger bedeutet das: Wer heute in viele klassische Obligationen investiert, erzielt zwar einen Zins, aber real verliert das Vermögen an Wert. Eine Obligation mit 1.5 % oder 2 % Rendite wirkt auf den ersten Blick attraktiv, doch wenn die Inflation bei 2.5 % oder 3 % liegt, entsteht ein negativer Realzins. Die Kaufkraft sinkt, obwohl das Portfolio Zinsen abwirft.

Hinzu kommt ein zweiter Punkt, der oft unterschätzt wird: Das Zinsänderungsrisiko. Steigen die Zinsen weiter, verlieren bestehende Obligationen an Marktwert. Wer vorzeitig verkaufen muss, realisiert unter Umständen Verluste, obwohl das Produkt beim Kauf als sicher wahrgenommen wurde.

Aus diesen Gründen raten wir im aktuellen Umfeld eher davon ab, Obligationen als Kernbaustein eines langfristigen Vermögensaufbaus zu nutzen. Für Stabilität im Portfolio gibt es Alternativen, die flexibler, transparenter und langfristig renditestärker sind, ohne dass man sich dem realen Kaufkraftverlust aussetzt, der bei vielen Obligationen heute praktisch eingebaut ist.

Anlageklasse Aktien

Aktien sind Beteiligungspapiere, die Teil des Eigenkapitals eines Unternehmens sind. Wer eine Aktie kauft, wird Miteigentümer der Firma mit allen dazugehörigen Rechten, etwa dem Stimmrecht an der Generalversammlung und dem Anspruch auf einen Teil des Unternehmensgewinns in Form von Dividenden. Der Aktienkurs entsteht durch Angebot und Nachfrage an der Börse und spiegelt wider, wie der Markt die Zukunftsaussichten des Unternehmens einschätzt. Damit sind Aktien ein zentrales Instrument, um am wirtschaftlichen Erfolg von Unternehmen teilzuhaben und langfristig Vermögen aufzubauen.

Die Entwicklung eines Unternehmens beeinflusst den Aktienkurs direkt. Steigt der Umsatz, verbessert sich die Profitabilität oder bringt die Firma erfolgreiche Produkte auf den Markt, erhöht sich oft die Nachfrage nach ihren Aktien. Anleger erwarten in solchen Fällen höhere zukünftige Gewinne, was den Kurs steigen lässt. Umgekehrt können schwache Geschäftszahlen, strategische Fehlentscheidungen oder wirtschaftliche Krisen den Kurs belasten. Aktien sind also eng mit der realen Geschäftstätigkeit verknüpft. Sie sind ein Spiegelbild der wirtschaftlichen Leistungsfähigkeit und der Erwartungen an die Zukunft des Unternehmens.

Wenn der Aktienkurs steigt und ein Anleger Gewinn macht, nimmt er niemandem Geld weg. Aktienhandel ist ein **Markt**, kein Nullsummenspiel wie Poker. Gewinne entstehen, weil andere Marktteilnehmer bereit sind, einen höheren Preis zu zahlen meist aufgrund positiver Erwartungen an das Unternehmen.

Der Käufer erhält im Gegenzug einen Vermögenswert, von dem er glaubt, dass er weiter an Wert gewinnt und Dividenden abwirft. Niemand verliert dadurch automatisch Geld; es handelt sich um einen freiwilligen Tausch zwischen zwei Parteien, die unterschiedliche Einschätzungen über die Zukunft haben. Langfristige Aktiengewinne entstehen deshalb nicht auf Kosten anderer, sondern durch das Wachstum und den Erfolg der Unternehmen selbst.

Ein zentrales Risiko beim Investieren in Aktien ist das **Kursrisiko**. Aktienkurse schwanken täglich, weil sie von vielen Faktoren beeinflusst, werden: der wirtschaftlichen Lage, den Geschäftszahlen des Unternehmens, der Stimmung an den Finanzmärkten oder geopolitischen Ereignissen. Diese Schwankungen können kurzfristig erheblich sein und führen dazu, dass der Wert einer Aktie zeitweise deutlich unter den Kaufpreis fällt. Für Anleger bedeutet das: Wer Aktien hält, muss bereit sein, vorübergehende Verluste auszuhalten und darf nicht darauf angewiesen sein, zu einem bestimmten Zeitpunkt verkaufen zu müssen. Langfristig spiegeln Aktienkurse jedoch meist die wirtschaftliche Entwicklung der Unternehmen wider, weshalb Geduld und ein langer Anlagehorizont helfen, das Kursrisiko zu reduzieren.

Ein weiteres wichtiges Risiko ist das **Ausfallrisiko**, also die Möglichkeit, dass ein Unternehmen zahlungsunfähig wird oder Konkurs anmeldet. In einem solchen Fall stehen Aktionäre in der Rangordnung ganz unten: Zuerst werden Arbeitnehmer, Gläubiger wie Banken oder Obligationäre bedient, und erst wenn am Schluss noch Vermögen übrigbleibt, was selten der Fall ist, erhalten Aktionäre etwas zurück. Praktisch bedeutet das, dass eine Aktie im Konkursfall wertlos werden kann. Dieses Risiko lässt sich jedoch gut steuern, indem man breit diversifiziert, also nicht nur in einzelne Unternehmen investiert, sondern in viele verschiedene Branchen, Länder und Firmen. Dadurch fällt der Ausfall eines einzelnen Unternehmens im Gesamtportfolio kaum ins Gewicht.

Das erklärt den Spruch «nicht alle Eier in einen Korb legen». Wer zwei Körbe hat, verliert nur die Eier in einem, wenn er runterfällt. Wer hingegen nur einen Korb hat verliert alles. Bei einem Fonds mit vielen Aktien macht der Konkurs eines Unternehmens nur einen kleinen Prozentanteil aus. Das ist der Ursprung des Prinzips der Diversifikation.

In unserer App kann man schauen, wie sich Aktienkurse entwickelt haben. Man kann mehrere Portfolios eröffnen. Mit «Anlage hinzufügen» kommt eine Suchmaske. Die Aktien werden mit sogenannten Ticker-Symbolen identifiziert.

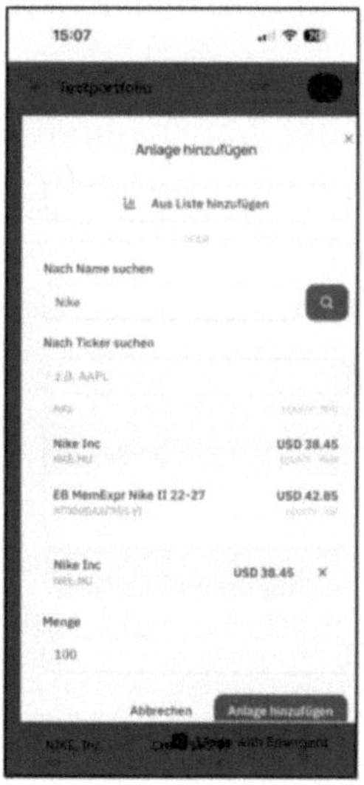

100 Nike ausgewählt

Der Geberit Kursverlauf

Gibt man MSFT für Microsoft oder GEBN.SW für Geberit ein (das .SW steht für die Schweizer Börse), werden die Suchergebnisse angezeigt. Dann muss man den Titel anwählen und die Anzahl der Aktien eingeben. Diese werden in das Portfolio aufgenommen.

Auf der Zeile der Aktie gibt es rechts ein Symbol für einen Graphen. Wenn der angeklickt wird, wird der Börsenkurs der betreffenden Aktie über ein Jahr angezeigt. Man kann die Zeitspanne einstellen. Da sieht man, wie der Aktienkurs in dem Zeitraum geschwankt hat. So kann man schauen, wie viel man in der gewählten Zeitspanne mit der Aktie gewonnen oder verloren hätte.

Beispiel: Herr Deuters Erfahrung mit Aktien

Als Herr Deuter 21 Jahre alt war, starb sein Vater viel zu früh. Für die Familie war es emotional, aber auch finanziell ein schwerer Schlag. Seine Mutter, plötzlich allein verantwortlich, machte sich grosse Sorgen um die Zukunft. Sie hatte vor Jahren Bauland geerbt und beschloss, einen Teil davon zu verkaufen, um ein finanzielles Polster zu schaffen. Der Verkauf brachte 100'000 Fr. ein.

Da sie sich mit Geldanlagen kaum auskannte, bat sie ihren Sohn, sich darum zu kümmern. Der Bankberater empfahl eine sichere Lösung: das gesamte Geld in Obligationen zu investieren. «Kein Risiko, stabile Zinsen», sagte er. Doch Herr Deuter war skeptisch. Er spürte, dass Sicherheit nicht immer die beste Strategie ist vor allem, wenn das Geld nicht unmittelbar gebraucht wird.

In Gesprächen mit älteren Kollegen, die schon einige Wirtschaftszyklen erlebt hatten, reifte in ihm ein anderer Gedanke. Sie erzählten ihm, wie Aktien langfristig wachsen können, wenn man Geduld hat. Und genau das war der Punkt: Seine Mutter wollte das Geld nicht ausgeben, sondern als Reserve halten. Also entschied sich Herr Deuter, gegen den Rat des Bankberaters, das Geld breit gestreut in Aktien anzulegen. ETFs (Exchange Traded Funds, also börsenkotierte Fonds) gab es damals noch nicht, also stellte er ein Portfolio zusammen und liess es weitgehend unangetastet.

In den folgenden 17 Jahren erlebte Herr Deuter zwei schwere Börsencrashs. Die Kurse stürzten, die Nachrichten waren düster. Doch Herr Deuter blieb ruhig. Er wusste, dass er weder die Märkte kontrollieren noch die Zukunft vorhersagen konnte. Und tatsächlich: Nach wenigen Jahren hatten sich die Verluste jedes Mal wieder ausgeglichen.

Einen Totalausfall musste er dennoch verkraften. Eine festverzinsliche Obligation von Air Canada, die 6.5 % Zins pro Jahr abwarf, wurde nach 15 Jahren wertlos, als die Fluggesellschaft Konkurs ging. Doch die 15 Jahre Zinszahlungen hatten fast den gesamten Einsatz wieder eingebracht. Es war ein schmerzhafter, aber verkraftbarer Verlust.

Als die Zeit verging und die drei Geschwister fast gleichzeitig ein Haus kaufen oder bauen wollten, zeigte sich die Wirkung von Herrn Deuters Entscheidung. Die Aktien hatten sich über die Jahre vervielfacht und waren inzwischen rund **300'000 Fr.** wert. Die Mutter konnte jedem ihrer Kinder **80'000 Fr.** für die Eigenmittel schenken, was ohne die langfristige Aktienanlage unmöglich gewesen wäre.

Für Herrn Deuter war es eine Bestätigung:

Wer langfristig denkt, Geduld hat und nicht in Panik gerät, kann selbst in schwierigen Zeiten mit Aktien Vermögen aufbauen.

Tipp:

Es macht keinen Sinn auf einzelne Aktien zu setzen, es sei denn, Du kennst ein Unternehmen sehr gut. Wähle einen Fonds aus und Du profitierst von der Performance.

Value Aktien

Als Value-Aktien bezeichnet man Aktien von Unternehmen, die sehr solide Gewinne erwirtschaften, organisch wachsen und deren Marktpreis im Vergleich zum geschätzten inneren Wert als günstig erscheinen. Dies kann an Kennzahlen wie Kurs-Gewinn-Verhältnis oder der Dividendenrendite festgestellt werden.

Solche Aktien gewinnen in einem Marktumfeld an Bedeutung, in dem die Inflation hartnäckig bleibt und die Zinsen höher liegen als in den vergangenen Jahren. Unternehmen mit realen Vermögenswerten wie Energieproduzenten, Rohstofffirmen oder Infrastrukturbetreiber profitieren besonders von dieser Phase. Sie erwirtschaften stabile Cashflows, sind oft günstiger bewertet. Für Anlegerinnen und Anleger bedeutet das: Value-Titel können in einem inflationären Umfeld eine wichtige Rolle spielen, weil die entsprechenden Firmen Substanz und Ertragskraft in sich vereinen.

Es gibt verschiedene Möglichkeiten Value-Aktien zu finden. Die Firma, die man am besten kennt, ist vermutlich die Firma, bei der man arbeitet. Da kennt man die Produkte, man weiss, wo sie verkauft werden, wie sie sich gegen Konkurrenten schlagen und ob neue Produkte entwickelt werden, die gute Erfolgsaussichten haben. Vielleicht bewundert man einen Konkurrenten, der alles besser macht oder die eigene Firma ist Lieferant für eine erfolgreiche andere Firma. Wenn die Firmen gross genug sind, kann das ein Grund sein, zu investieren. Dazu drei Geschichten.

Tipp:

Value oder Growth sind Ansichtssache. Einmal performen die einen Aktien gut, dann die anderen. Versuche nicht herauszufinden, welche gerade gut im Zyklus sind.

Beispiel: das Mitarbeiterprogramm

Frau Bösch und Herr Schuhmacher arbeiten seit vielen Jahren in derselben grossen Firma. Beide kennen das Unternehmen gut, beide mögen ihre Arbeit, und beide verfolgen aufmerksam, wie sich die Firma entwickelt. Als die Geschäftsleitung ein Mitarbeiter-Beteiligungs-Programm ankündigt, sorgt das in der Belegschaft für Gesprächsstoff. Ziel des Programms ist es, die Identifikation der Mitarbeitenden mit der Firma zu stärken: Wer möchte, kann für bis zu 10'000 Fr. zu einem reduzierten Preis Aktienoptionen der eigenen Firma mit einer Haltefrist von vier Jahren kaufen. Derartige Fristen bestehen aus Steuergründen.

Frau Bösch ist sofort interessiert. Sie weiss, dass die Firma solide dasteht, gute Produkte hat und in den letzten Jahren stetig gewachsen ist. Für sie ist das Angebot eine Gelegenheit, sich an diesem Erfolg zu beteiligen. Ohne lange zu zögern, investiert sie die vollen 10'000 Fr.

Herr Schuhmacher hingegen ist skeptisch und scheut Risiken. Deshalb möchte er sein Erspartes nicht dafür einsetzen. Vier Jahre erscheinen ihm lang, und er fühlt sich wohler, wenn er sein Geld flexibel halten kann. Er entscheidet sich nicht aus Misstrauen gegenüber der Firma dagegen, sondern aus persönlicher Vorsicht.

Die vier Jahre vergehen. Die Firma wächst weiter, erschliesst neue Märkte und steigert ihre Gewinne. Als die vierjährige Haltefrist endet, schaut Frau Bösch auf ihr Beteiligungskonto und staunt. Aus ihren 10'000 Fr. sind **25'000 Fr.** geworden. Die Kombination aus reduziertem Einstiegspreis, Kurssteigerung und dem Erfolg des Unternehmens hat sich für sie mehr als ausgezahlt.

Herr Schuhmacher freut sich für sie, aber er spürt auch einen kleinen Stich. Nicht aus Neid, sondern weil er erkennt, dass er eine Chance verpasst hat. Frau Bösch hingegen nimmt aus der Erfahrung eine klare Lehre mit:

Wenn die eigene Firma gesund, profitabel und zukunftsfähig ist, dann sind Mitarbeiterbeteiligungen oft eine der attraktivsten Investitionen, die man machen kann.

Für Frau Bösch war es ein Gewinn für Herr Schuhmacher eine Erinnerung daran, dass er die Gelegenheit verpasst hat.

Tipp:

Schau doch in der App, wie sich die Aktien der Firma, in der Du arbeitest, entwickelt haben.

Beispiel: Qualitätssiegel des IT-Architekten

Herr Mühlemann arbeitet seit vielen Jahren in der Informatik eines grossen Chemiekonzerns. Er kennt die Systeme, die Prozesse und die Menschen um ihn herum. Als das Unternehmen nach langer Projektphase ein neues System erfolgreich einführt, findet ein kleiner Firmen-Apéro statt. Die Stimmung ist gelöst, die Benutzer sind erleichtert, und Herr Mühlemann geniesst es, einmal nicht über Fehlermeldungen oder Schnittstellen zu sprechen.

Mit einem Glas Weisswein in der Hand kommt er ins Gespräch mit Herrn Kuster, einem der Benutzervertreter aus dem Projekt. Herr Kuster ist ein ruhiger, sachlicher Typ. Doch an diesem Abend wirkt er ungewöhnlich gesprächig. Nach ein paar Minuten Smalltalk wechselt er das Thema und erzählt Herrn Mühlemann von seiner persönlichen Anlagestrategie.

«Weisst du», sagt Herr Kuster «ich habe irgendwann gemerkt, dass ich mich mit Aktien nicht gut genug auskenne, um ständig Firmen zu analysieren. Aber ich kenne unsere IT-Abteilung. Und ich kenne unseren IT-Architekten.» Herr Mühlemann lächelt. Der IT-Architekt gilt im Unternehmen als jemand, der nur Technologien freigibt, die wirklich robust, zukunftsfähig und strategisch sinnvoll sind.

Herr Kuster fährt fort: «Jedes Mal, wenn der IT-Architekt eine Software zum offiziellen Firmenstandard erklärt hat, habe ich mir die Aktie des Herstellers angeschaut. Und meistens habe ich gekauft.» Herr Mühlemann runzelt die Stirn. «Einfach so? Ohne weitere Analyse?» Herr Kuster nickt. «Ja. Weil ich wusste: Wenn unser IT-Architekt etwas zum Standard erklärt, dann hat er es auf Herz und Nieren geprüft. Stabilität, Marktposition, Zukunftsfähigkeit, das ist sein Job. Und ich habe davon profitiert.»

Herr Mühlemann ist überrascht. «Und… hat das funktioniert?» Herr Kuster lacht. «Und wie. Nicht jede Aktie war ein Volltreffer, aber ich bin sehr gut damit gefahren. Besser, als wenn ich selbst versucht hätte, Geschäftsberichte zu interpretieren oder Trends zu erraten.»

Während Herr Mühlemann zuhört, wird ihm klar, was Kusters Strategie so besonders macht: Sie nutzt ein **Qualitätssiegel eines echten Spezialisten**. Der IT-Architekt prüft Technologien nicht aus Börsensicht, sondern aus fachlicher, technischer und strategischer Perspektive. Und genau diese Expertise hat Kuster als Filter für seine Investitionen genutzt.

Später denkt Herr Mühlemann darüber nach. Herr Kusters Ansatz ist unkonventionell, aber er zeigt etwas Wichtiges:

Manchmal liegt der beste Investitions-Kompass nicht in komplizierten Analysen, sondern in der Expertise von Menschen, die in ihrem Fachgebiet echte Qualität aufweisen.

Beispiel: Was Jugendliche «cool» finden

Zum 18. Geburtstag seines Patensohnes Jonas machte Herr Wenger ein besonderes Geschenk. Er legte ein separates Konto mit 10'000 Fr. an, das Jonas frei für Aktien nutzen durfte. Die Abmachung war ungewöhnlich, aber gut gemeint: **Gewinne durfte Jonas behalten, Verluste würde Herr Wenger übernehmen.** Es sollte ein spielerischer Einstieg in die Welt der Geldanlage sein.

Jonas war kein Finanzexperte, aber er war neugierig. Als er seine ersten Aktien auswählte, griff er nicht zu komplizierten Geschäftsberichten oder Analystenempfehlungen. Stattdessen entschied er sich für Firmen, die er kannte und mochte: **Apple**, weil er sein iPhone liebte, und **Nike**, weil er deren Schuhe seit Jahren trug. Dazu kamen noch ein oder zwei weitere Marken, die in seinem Alltag eine Rolle spielten.

In den folgenden Jahren entwickelte sich das kleine Portfolio ordentlich. Apple legte zu, Nike ebenfalls, und am Ende standen rund **2'500 Fr. Gewinn** auf dem Konto. Jonas freute sich und er wollte den Gewinn realisieren und das Experiment beenden. Er bat Herrn Wenger, das Konto aufzulösen. Den Gewinn durfte er wie vereinbart behalten.

Für Herrn Wenger war das ein gemischter Moment. Seine pädagogische Idee war nicht ganz aufgegangen. Aber er hatte etwas gelernt, das er nicht erwartet hatte: **Jonas' intuitive Aktienauswahl war gar nicht so naiv gewesen.** Marken wie Apple und Nike waren nicht nur Produkte, die Jugendliche cool fanden. Sie waren globale Marktführer mit starken Geschäftsmodellen, loyalen Kunden und beeindruckender Innovationskraft.

Herr Wenger dachte darüber nach. Vielleicht war genau das ein unterschätzter Indikator:

Wenn eine Marke so präsent, beliebt und selbstverständlich im Alltag junger Menschen ist, dass sie Teil ihrer Identität wird, dann ist das oft auch ein Zeichen wirtschaftlicher Stärke.

Jonas hatte also unbewusst etwas getan, was viele professionelle Anleger predigen: In Unternehmen investieren, deren Produkte man versteht und selbst nutzt. Und Herr Wenger nahm aus dem Experiment eine neue Erkenntnis mit. Manchmal sagt der Blick eines Jugendlichen auf Marken mehr über die Qualität eines Unternehmens aus als es ein Stapel Analystenberichte.

Anlageklasse ETF

Exchange **T**raded **F**unds, kurz ETFs, sind börsengehandelte Fonds, die einen Index, eine Branche, eine Anlageklasse oder ein bestimmtes Thema nachbilden. Sie bieten eine Möglichkeit zur Diversifikation und können jederzeit zu Marktpreisen gekauft oder verkauft werden.

Die meisten ETFs sind passiv verwaltet, was bedeutet, dass sie nicht versuchen, den Markt zu schlagen, sondern ihn effizient und kostengünstig abzubilden. Dadurch fallen die Verwaltungsgebühren in der Regel deutlich tiefer aus als bei aktiv gemanagten Fonds, was ETFs besonders attraktiv für langfristige Anleger macht.

Neben klassischen Aktien-ETFs gibt es heute eine breite Palette an Varianten: Obligationen-ETFs, Rohstoff-ETFs, Immobilien-ETFs, Faktor-ETFs oder thematische Produkte wie Clean Energy oder künstliche Intelligenz.

Diese Vielfalt ermöglicht es Anlegern, mit wenigen Bausteinen ein global diversifiziertes Portfolio aufzubauen, das zu ihrem Risikoprofil passt. Gleichzeitig sollte man beachten, dass ETFs je nach Struktur unterschiedliche Risiken aufweisen können wie etwa Währungsrisiken, Zinsänderungsrisiken oder bei synthetischen ETFs ein gewisses Kontrahenten-Risiko. Richtig eingesetzt sind ETFs jedoch ein effizientes, transparentes und kostengünstiges Instrument für den Vermögensaufbau.

Warum ETFs besser geeignet sind als Einzelaktien

Einzelaktien wirken auf viele Menschen attraktiv: Man kennt das Unternehmen, man hat eine Meinung dazu, und die Chance auf hohe Gewinne scheint greifbar. Doch genau darin liegt das Problem. Wer in einzelne Aktien investiert, trägt das volle Kurs- und Ausfallrisiko dieses einen Unternehmens. Gerät die Firma in Schwierigkeiten, kann der Aktienkurs massiv einbrechen, im Extremfall bis auf null.

Ein ETF funktioniert völlig anders. Er bildet ein ganzes Aktienportfolio ab, oft hunderte oder sogar tausende Unternehmen gleichzeitig. Das Risiko verteilt sich. Fällt ein Unternehmen aus, wird es im Index ersetzt, ohne dass der Anleger aktiv eingreifen muss.

Diese breite Diversifikation ist der entscheidende Vorteil: Sie schützt vor den extremen Ausschlägen einzelner Titel. Für langfristige Anlegerinnen und Anleger ist das ein unschlagbares Prinzip. Man muss nicht raten, welche Firma sich durchsetzt. Man investiert in den Markt der Branche oder der Region.

Warum Profis kaum besser abschneiden als der Markt

Es klingt intuitiv: Wer den ganzen Tag nichts anderes macht als Aktien analysieren, müsste doch besser sein als ein einfacher Index. Die Realität zeigt jedoch seit Jahrzehnten das Gegenteil.

Die Gründe dafür sind vielfältig: hohe Kosten, falsches Timing, menschliche Fehlentscheidungen, Marktüberraschungen. Selbst Fondsmanager mit beeindruckenden Analysen und riesigen Informationsvorteilen schaffen es selten, über viele Jahre hinweg konstant besser zu sein als der Markt.

Besonders spannend: Es gibt Studien, die zeigen, dass zufällig zusammengestellte Aktienportfolios oft besser abschneiden als viele aktiv gemanagte Fonds. Das klingt absurd, ist aber ein starkes Argument für die Effizienz der Märkte. Selbst eine Zufallsauswahl ist häufig erfolgreicher ist als professionelle Analysen.

> **Tipp:**
>
> Verlasse Dich nicht auf die sogenannten Gurus. Die Besten zeichnen sich dadurch aus, dass sie beharrlich auf ihren eklektischen Ideen bestehen und zufällig irgendwann Recht bekommen.

Für Privatanleger bedeutet das: Statt zu versuchen, die besten Aktien oder die besten Fondsmanager zu finden, ist es langfristig meist klüger, einfach den Markt zu kaufen. Das ist kostengünstig, breit diversifiziert und ohne unnötige Komplexität. Genau das leisten ETFs.

Wichtige Kriterien für die Auswahl von ETFs

Bei der Auswahl eines ETFs stehen vier zentrale Kriterien im Vordergrund: **Kosten, Domizil, Benchmark** und die **Ertragsverwendung**.

Die Kosten werden mit dem Total Expense Ratio (**TER**) angegeben. Er zeigt, wie viel Prozent des Fondsvermögens jährlich für Verwaltung und Betrieb abgezogen werden; für breit diversifizierte Standard-ETFs gelten **0.10–0.20 % als ideal**, da höhere Kosten langfristig die Rendite schmälern.

Den TER findest du in der App auf der Informationsseite des jeweiligen ETFs. Füge den ETF einfach deinem Portfolio hinzu. Anschliessend erscheint der TER direkt im Info-Screen.

TER auf der Info-Seite der Anlage

Das **Domizil** beeinflusst die steuerliche Behandlung. Dies gilt insbesondere bei US-Dividenden: Irland profitiert von einem günstigen Doppelbesteuerungsabkommen, wodurch irische ETFs weniger Quellensteuer haben als solche aus Luxemburg oder anderen Ländern. Wenn die ISIN-Nummer des ETFs mit IE beginnt, steht das für das Domizil Irland.

Die Zusammensetzung des Fonds wird durch die zugrunde liegende **Benchmark** bestimmt, also den Index, den der ETF nachbildet; er legt fest, welche Regionen, Branchen und Unternehmen enthalten sind und wie stark sie gewichtet werden.

Zusätzlich bevorzugen wir **thesaurierende ETFs**, bei denen Dividenden automatisch wieder im Fonds angelegt werden. Dadurch entfällt der manuelle Wiederanlageaufwand, und der Zinseszins-Effekt kann über die Jahre ungebremst wirken, was ein entscheidender Vorteil für langfristige Vermögensbildung darstellt.

Klassische Index-ETFs

In Deutschland umfasst der **DAX** die 40 größten börsennotierten Unternehmen. Der DAX ist stark geprägt von Industrie, Chemie, Automobil, Technologie und Finanzwerten. Er bildet die deutsche Exportwirtschaft ab und ist konzentriert, aber global vernetzt. Hier ein Beispiel für ETF, der den DAX abbildet:

- Xtrackers DAX UCITS ETF 1C (Ticker: DBXD.DE), TER 0.09%

In der Schweiz gibt es den **Swiss Market Index (SMI)**. Er enthält die 20 größten Schweizer Unternehmen. Die Schweiz ist ein kleines Land mit globalen Champions, daher dominieren grosse Firmen wie Roche, Novartis, Nestlé, UBS und Zurich Insurance diesen Index. Hier ein ETF, der den SMI abbildet:

- UBS SMI® ETF CHF acc (Ticker SMIA.SW), TER 0.20%

In Österreich gibt es den **Austrian Stock Index (ATX)**. Er enthält die 20 grössten Unternehmen Österreichs. Der ATX ist geprägt von Firmen wie «Erste Group Bank», Verbund, OMV oder Raiffeisen Bank International. Hier ein ETF, der den ATX abbildet:

- Xtrackers ATX UCITS ETF 1C (Ticker XB4A.DE), TER 0.25%

In den USA gibt es den **Dow Jones** und den **Standard & Poor's 500**. Der Dow Jones Industrial Average (DJIA) ist zwar ikonisch, aber aus heutiger Sicht problematisch, da er nur 30 Unternehmen gemäss Börsenkapitalisierung umfasst. Er ist nicht repräsentativ für die Wirtschaft der USA. Der Standard & Poor's umfasst 500 Unternehmen und deckt damit rund 80% der amerikanischen Wirtschaft ab. Hier ETFs die den S&P abbilden:

- iShares MSCI USA UCITS ETF (Ticker CSUS.SW), TER 0.03%
- Vanguard S&P 500 UCITS ETF (Ticker VUAA.L), TER 0.07%

Tipp:

Suche Dir Deine Lieblings-ETFs aus. Achte auf die Kosten und die automatische Reinvestierung der Dividenden (Thesaurierung).

ETFs, die Regionen abbilden

Der MSCI World deckt die ganze Welt ab, wobei die USA mit einem Anteil von ca. 70% am stärksten vertreten sind. Weiter enthält er 15% Aktien aus Europa und 6% aus Japan.

- Invesco MSCI World UCITS ETF Acc (Ticker MXWO.L) TER 0.05%

Es gibt ETFs, die Asien abdecken:

- Xtrackers MSCI Pacific ex Japan Screened UCITS ETF 1C (Ticker XPXD.L), TER 0.25%

Oder Lateinamerika:

- Amundi MSCI EM Latin America UCITS ETF EUR Acc (Ticker ALAT.SW), TER 0.20%

Branchen und Regionen

Wer an die Stärke zukünftiger Schlüsselbranchen glaubt, kann aus einer Vielzahl von Themen-ETFs wählen, etwa Biotech, Pharma, Healthcare, Technologie oder breiteren Megatrends. Welche man kurzfristig wählt, ist weniger entscheidend als oft angenommen.

Nehmen wir die viel diskutierten IT-Unternehmen: Es gab Phasen deutlicher Überbewertungen und anschliessender Korrekturen. Doch trotz solcher Rückschläge blieb die Branche langfristig ein zentraler Wachstumsmotor und wird es mit hoher Wahrscheinlichkeit auch bleiben. Die Crashs kosteten vor allem Nerven, nicht aber die langfristigen Renditen jener Anlegerinnen und Anleger, die investiert blieben.

Der Kernpunkt: Zukunftsbranchen schwanken stärker, aber ihr langfristiges Potenzial bleibt intakt. Themen-ETFs ermöglichen es, an diesen Entwicklungen teilzuhaben, ohne auf einzelne Gewinner setzen zu müssen.

Wie viele ETFs braucht man?

Ein solides ETF-Portfolio muss nicht kompliziert sein. Wer mit einem Sparplan startet, fährt mit ein bis drei breit diversifizierten ETFs am besten. Sie decken bereits Tausende Unternehmen ab, sind kostengünstig und leicht zu überblicken. Mehr braucht es am Anfang nicht. Im Gegenteil: Je mehr Produkte man auswählt, desto schwieriger wird es, die Übersicht zu behalten und konsequent zu bleiben.

Mit wachsendem Vermögen kann man das Portfolio schrittweise erweitern, etwa um einen zusätzlichen Regionen-ETF oder eine kleine Beimischung wie Rohstoffe oder Immobilien. Doch auch dann bleibt die Grundregel bestehen: Komplexität ist kein Qualitätsmerkmal. Ein Portfolio mit fünf ETFs ist nicht automatisch besser als eines mit zwei.

Ein klar strukturiertes Portfolio ist leichter zu pflegen, günstiger und psychologisch stabiler. Wer weniger Produkte hat, trifft weniger impulsive Entscheidungen und bleibt eher bei seiner Strategie.

Einzelaktien oder ETFs?

In verschiedenen Untersuchungen wurde immer wieder gezeigt, dass **zufällig ausgewählte Aktienportfolios** überraschend gut abschneiden, teilweise sogar besser als professionell zusammengestellte Fonds. Das bedeutet nicht, dass Zufall eine Anlagestrategie sein sollte. Es zeigt aber, wie schwer es ist, durch gezielte Auswahl dauerhaft einen Vorteil zu erzielen. Der Markt ist effizienter, als viele glauben.

Aus diesen Erkenntnissen lässt sich ableiten, dass man mit **Index-ETFs** langfristig sehr solide fährt. Sie bieten breite Diversifikation, tiefe Kosten und spiegeln die Marktentwicklung zuverlässig wider. Gleichzeitig bedeutet das aber nicht, dass man komplett auf Einzelaktien verzichten muss. Wer Freude daran hat, sich mit Unternehmen zu beschäftigen, kann bis zu einem gewissen Grad auch eigene Titel auswählen idealerweise als Ergänzung zu einem stabilen ETF-Kernportfolio.

Tipp:

Triff eine kleine Auswahl von etwa drei ETFs. Zu viele sind ineffizient, zu wenige ebenfalls (alle Eier in einem Topf).

Immobilien

In diesem Kapitel geht es um Immobilien als Finanzanlage. Das Thema Eigenheim lassen wir bewusst weg. Der Kauf eines Hauses oder einer Wohnung folgt eigenen Regeln: Er ist stark von nationalen Gesetzen, Steuern, Förderprogrammen, Hypothekenmodellen und kulturellen Gepflogenheiten abhängig. Was in der Schweiz gilt, unterscheidet sich oft von Deutschland, Österreich oder anderen Ländern. Eine umfassende Darstellung würde den Rahmen dieses Buches sprengen und wäre für viele Leser nur teilweise relevant. Deshalb konzentrieren wir uns hier auf Immobilieninvestitionen, die überall nach denselben Prinzipien funktionieren.

Schweizer Sonderfall: Amortisation von Hypotheken

Das Schweizer Hypothekarsystem basiert traditionell auf einer zweistufigen Struktur. Die erste Hypothek deckt rund 65 % des Immobilienwerts ab und muss nicht amortisiert werden. Sie gilt als dauerhaft tragbar, weil Banken davon ausgehen, dass eine Immobilie langfristig mindestens diesen Wert behält. Die zweite Hypothek umfasst den Bereich zwischen 65 % und 80 % des Kaufpreises und ist amortisationspflichtig – meist innert 15 Jahren oder bis zur Pensionierung. Obwohl viele Banken heute technisch nur noch ein einziges Hypothekardossier führen, bleibt die ökonomische Logik unverändert: Bis 65 % bleibt stehen, der Rest muss zurückgeführt werden.

Solange die Hypothekarzinsen tief sind, entscheiden sich viele Eigentümer bewusst dafür, die Hypothek nicht weiter zu reduzieren, sobald der amortisationspflichtige Teil abgebaut ist. Der Grund ist einfach: Eine vollständig amortisierte Hypothek bindet Kapital in der Immobilie, welches keine Rendite erwirtschaftet. Eine nicht amortisierte Hypothek ermöglicht dagegen, mehr eigenes Kapital flexibel zu halten und produktiver einzusetzen. Die Zinskosten sind planbar, steuerlich abzugsfähig und historisch betrachtet oft deutlich tiefer als die langfristigen Renditen anderer Anlageklassen. Dadurch entsteht ein rationaler Anreiz, die Hypothek stehen zu lassen, statt sie aggressiv zurückzuzahlen.

Eine Hypothek wirkt wie ein finanzieller Hebel: Wer nur 20 % Eigenkapital einsetzt, profitiert bei einer Wertsteigerung der Immobilie überproportional. Steigt der Immobilienwert beispielsweise um 20 %, entspricht das bezogen auf das eingesetzte Eigenkapital einer deutlich höheren prozentualen Rendite.

Als Rechenbeispiel nehmen wir an, dass nach Amortisation 35% Eigenkapital im Haus stecken. Wenn der Wert beim Verkauf 120 % des Kaufpreises liegt, bleiben nach Abzug der Hypothek von 65% noch 55% übrig. Aus den eigenen 35% sind damit 55% geworden. Das ergibt eine Rendite von 57% (55/35 = 1.57). Hätte man das Haus abbezahlt, wäre die Rendite nur

20% gewesen.

Weiter entstehen Opportunitätskosten, wenn man Eigenkapital in die Amortisation steckt, statt es in Wertschriften anzulegen. Historisch erzielten breit diversifizierte Aktienportfolios 6–8 % Rendite pro Jahr, während Hypothekarzinsen über lange Zeit deutlich darunter lagen. Solange diese Relation besteht, kann es finanziell attraktiver sein, Kapital investiert zu lassen, statt die Hypothek weiter zu reduzieren.

Deutschland und Österreich

In Deutschland und Österreich existiert keine zweistufige Hypothekenstruktur wie in der Schweiz. Stattdessen wird der gesamte Kredit als Annuitätendarlehen vergeben. Das bedeutet: Jede Monatsrate enthält automatisch Zins und Tilgung, und die Restschuld sinkt kontinuierlich. Ein nicht amortisierender Hypothekenteil, wie er in der Schweiz üblich ist, ist in diesen Ländern nicht vorgesehen.

Da die Hypothek in Deutschland und Österreich zwingend amortisiert wird, besteht der wichtigste Gestaltungsspielraum darin, eine möglichst lange Laufzeit zu vereinbaren. Eine längere Laufzeit senkt die monatliche Belastung und erhöht die finanzielle Flexibilität der Haushalte.

Tipp:

In der Schweiz sollte eine Hypothek möglichst nicht amortisiert werden. In Deutschland und Österreich sollte eine möglichst lange Laufdauer der Amortisation vereinbart werden.

Immobilien ETFs

Immobilien gelten seit jeher als stabile Anlageform, weil sie reale Werte repräsentieren und langfristig oft konstante Erträge liefern. Für Anleger, die nicht selbst ein Haus kaufen möchten, bieten Immobilien dennoch eine attraktive Möglichkeit zur Diversifikation. Über Immobilienfonds und ETFs lässt sich breit gestreut in Wohn- oder Gewerbeimmobilien investieren ohne die Verpflichtungen und Risiken eines Eigenheims. Immobilien reagieren zudem oft anders als Aktien auf wirtschaftliche Entwicklungen und können so das Risiko im Gesamtportfolio reduzieren.

Immobilienfonds und -ETFs unterscheiden sich vor allem darin, ob sie in Wohnimmobilien oder Gewerbeimmobilien investieren. Wohnimmobilien gelten als stabiler, weil Menschen immer Wohnraum benötigen und Mietverhältnisse langfristig sind. Gewerbeimmobilien wie Büros, Einkaufszentren oder Logistikparks bieten oft höhere Renditechancen, reagieren aber sensibler auf Konjunkturzyklen. Für Anleger bedeutet das: Die Wahl der Immobilienart beeinflusst das Risikoprofil deutlich. Eine Mischung kann sinnvoll sein, muss aber zur eigenen Strategie passen.

Immobilienmärkte sind stark regional geprägt. Ein ETF, der in Schweizer Immobilien investiert, verhält sich anders als einer mit Fokus auf Europa, die USA oder globale Märkte. Wirtschaftswachstum, Zinsen, Regulierung und Bevölkerungsentwicklung unterscheiden sich von Land zu Land. Deshalb lohnt es sich, bewusst zu entscheiden, ob man regional investieren möchte oder über globale Immobilien-ETFs eine breite Streuung bevorzugt.

Für Privatanleger sind Immobilien-ETFs oft der unkomplizierteste Zugang zu dieser Anlageklasse. Sie investieren in börsennotierte Immobiliengesellschaften und bieten damit eine hohe Liquidität, niedrige Kosten und breite Diversifikation. Beispiele sind:

- UBS SXI Real Estate® Funds ETF (Wohnimmobilien, CH) (SRECHA.SW), TER 0.25%
- UBS ETF (CH) SXI Real Estate® (CHF) (Gewerbe) (SRFCHA.SW), TER 0.25%

Gold

Gold und andere Rohstoffe gelten als eigenständige Anlageklasse. Während Aktien und Obligationen stark von der wirtschaftlichen Entwicklung abhängen, reagieren Rohstoffe oft anders, sie dienen als Absicherung gegen Inflation, Währungsabwertung oder geopolitische Unsicherheiten. Gold nimmt dabei eine Sonderrolle ein:

Es wirft zwar keine laufenden Erträge wie Zinsen oder Dividenden ab, gilt aber seit Jahrhunderten als Wertaufbewahrungsmittel und wird in Krisenzeiten häufig als «sicherer Hafen» gesucht. Andere Rohstoffe wie Öl, Gas, Diamanten, Industriemetalle oder Agrargüter sind stärker von Angebot, Nachfrage und globalen Produktionszyklen abhängig und können deshalb deutlich volatiler sein. Für Anleger bieten sie die Möglichkeit, an realwirtschaftlichen Trends teilzuhaben, etwa an der Energiewende, dem Ausbau der Infrastruktur oder dem steigenden Bedarf an seltenen Metallen.

Gold kann in verschiedenen Formen gekauft werden, je nach Ziel, Budget und gewünschtem Sicherheitsniveau. Die klassischste Variante ist **physisches Gold** in Form von Barren oder Münzen, das man selbst lagert oder in einem Tresor aufbewahren lässt. Daneben gibt es **börsengehandelte Produkte** wie Gold-ETFs oder ETCs (Exchange Traded Commodity), die den Goldpreis abbilden und sich einfach handeln lassen, ohne dass man das Metall physisch besitzt.

Das Diagramm zeigt den Goldpreis der letzten 20 Jahre

Quelle: yahoo finance

Für grössere Investoren existieren zudem **Goldzertifikate**, **Terminkontrakte** oder **Goldkonten**, bei denen das Metall bei einer Bank hinterlegt ist. Jede Form hat ihre Vor- und Nachteile: Physisches Gold bietet maximale Unabhängigkeit, verursacht aber Lagerkosten, während börsengehandelte Produkte flexibel und günstig sind, dafür aber ein gewisses Gegenparteirisiko mit sich bringen.

Wenn man im Jan. 2006 Gold zum Kurs von ca. 685 Fr. erstand, stieg der Wert bis Jan. 2026 auf ca. 3'417 Fr. Das entspricht einer jährlichen Wertsteigerung von 8.4% pro Jahr. Wenn man es im Jan 2016 für ca. 1'062 Fr. erstand, wären es mehr als 12.4% gewesen. Allerdings hat sich der Preis des Goldes zwischen 1985 und 2005 kaum bewegt.

Tipp:

Gold ist eine der ältesten und beständigsten Anlagen. Manchmal langweilig, manchmal als krisenbeständig wirksam.

Wer physisches Gold kauft, muss sich nicht nur um den Kaufpreis kümmern, sondern auch um die sichere Aufbewahrung. Banken bieten dafür Tresorfächer oder Schliessfächer an, doch diese kosten jährliche Gebühren, die sich über die Jahre spürbar summieren können. Zusätzlich entstehen oft Aufwand und Kosten, wenn man das Gold transportieren, versichern oder im Bedarfsfall wieder verkaufen möchte.

Eine flexible und kostengünstige Alternative sind Gold-ETFs. Sie bilden den Goldpreis eins zu eins ab, ohne dass man selbst Barren oder Münzen lagern muss. Die laufenden Kosten sind in der Regel deutlich niedriger als Tresorgebühren und der Kauf oder Verkauf funktioniert genauso einfach wie bei jedem anderen Wertpapier. Für viele Anlegerinnen und Anleger ist ein Gold-ETF deshalb die pragmatische Lösung: gleiche Wertentwicklung, aber weniger Aufwand, geringere Kosten und jederzeit handelbar. Hier ein Beispiel:

- iShares Physical Gold ETC (SGLN.L), TER: 0.12%

Kryptowährungen

Kryptowährungen sind digitale Vermögenswerte, die auf **Blockchain-Technologie** basieren. Anstatt von einer zentralen Institution wie einer Bank ausgegeben zu werden, entstehen sie in einem dezentralen Netzwerk, das Transaktionen gemeinsam überprüft und speichert. Die bekannteste Kryptowährung ist Bitcoin, daneben existieren Tausende weitere wie Ethereum, Solana oder Cardano, viele davon mit unterschiedlichen technischen Eigenschaften und Anwendungsbereichen. Kryptowährungen können als Zahlungsmittel, als digitales Wertaufbewahrungsmittel oder als Grundlage für neue Anwendungen dienen, etwa in den Bereichen Smart Contracts, DeFi (dezentrale Finanzdienste) oder digitale Identität. Ihr Wert entsteht durch Angebot und Nachfrage, Vertrauen in die Technologie und die erwartete zukünftige Nutzung.

Bitcoin wird oft als modernes Gold bezeichnet. Während Gold physisch begrenzt ist, ist die Menge an Bitcoin technisch fixiert: Maximal **21 Millionen** Stück können jemals existieren. Diese künstliche Knappheit ist ein zentrales Merkmal von Bitcoin und soll ihn vor Inflation schützen. Genau wie Gold lässt sich Bitcoin nicht beliebig vermehren, was ihn für viele Anleger als digitales Gegenstück zu einem Rohstoff attraktiv macht.

Trotz dieser Gemeinsamkeit unterscheiden sich beide Anlagen grundlegend. Gold besitzt einen **intrinsischen, materiellen Wert**, wird industriell sowie als Schmuck genutzt und hat eine jahrtausendealte Geschichte als Wertaufbewahrungsmittel. Bitcoin hingegen ist ein **rein digitales Gut** dessen Wert vollständig vom Vertrauen in die Technologie, die Netzwerksicherheit und von der zukünftigen Nachfrage abhängt. Bitcoin zeigt deutlich stärkere Kursschwankungen. Beide können jedoch als Absicherung gegen Geldentwertung dienen Gold als physischer Klassiker, Bitcoin als moderne, digitale Alternative.

Ein Bitcoin-ETF ermöglicht es, am Bitcoin-Markt teilzunehmen, ohne selbst ein Wallet einrichten oder private Schlüssel verwalten zu müssen. Stattdessen kauft man ein reguliertes Börsenprodukt, das den Bitcoin-Preis eins zu eins abbildet. Gleichzeitig sind die laufenden Kosten solcher ETFs in Europa inzwischen sehr niedrig: Viele physisch hinterlegte Bitcoin-ETPs verlangen nur 0.10–0.15 % TER pro Jahr. Damit bieten sie einen einfachen und kostengünstigen Zugang zu Bitcoin, ohne die technischen Hürden und Sicherheitsrisiken, die mit der direkten Verwahrung verbunden sind. Ein Beispiel wäre:

- WisdomTree Physical Bitcoin (BTCW.SW), TER 0.15%

Tipp:

Sprüche wie «Bitcoin ist das Gold der Zukunft» taugen nichts. Sie sind generisch und helfen dem Anleger nicht. Du solltest durchaus in Krypto investieren, im Sinne der Diversifikation. Gegner behaupten, dass Kryptowährungen zu volatil und daher ungeeignet seien. Aber Volatilitäten sind ein Marktphänomen. Man muss sie nur aushalten. Es ist kein typisches Phänomen von Krypto.

Gewinn und Risiko

Zeitwert von Geld

Der Zeitwert des Geldes beschreibt die grundlegende Idee, dass **Geld heute mehr wert ist als derselbe Betrag in der Zukunft**. Der Grund dafür liegt in den Möglichkeiten, die Geld bietet: Man kann es anlegen, Zinsen erhalten oder investieren und damit Erträge erzielen. Ein Franken oder ein Euro hat heute ein **Ertragspotenzial**, das derselbe Betrag in zwei Jahren nicht mehr hat. Zusätzlich wirkt die Inflation: Wenn Preise steigen, kann man sich in zwei Jahren mit denselben 1'000 Fr. weniger leisten als heute. Deshalb vergleicht man Geldbeträge zu unterschiedlichen Zeitpunkten immer über Zinsen oder Renditen.

Um 1'000 Fr. heute mit 1'000 Fr. in zwei Jahren zu vergleichen, fragt man sich: **Wie viel wären 1'000 Fr. heute wert, wenn ich sie zwei Jahre lang anlegen würde?** Oder umgekehrt: **Wie viel müsste ich heute anlegen, um in zwei Jahren 1'000 Fr. zu haben?** Angenommen, der Zinssatz beträgt 2 % pro Jahr, dann wären 1'000 Fr. heute in zwei Jahren rund 1'040 Fr. wert. Umgekehrt wären 1'000 Fr. in zwei Jahren heute nur etwa 961 Fr. wert. Das zeigt: Obwohl die Zahl gleich aussieht, ist der wirtschaftliche Wert unterschiedlich. Deshalb muss man zukünftige Geldbeträge immer „abzinsen“, um sie fair mit heutigen Beträgen zu vergleichen.

Darum muss man Geld anlegen und sollte es nicht auf dem Konto liegen lassen, wenn man nicht will, dass es mit der Zeit weniger Wert ist.

Arten von Gewinn und Steuern

In der Geldanlage gibt es mehrere Wege, wie Vermögen für Anlegerinnen und Anleger wachsen kann. Der bekannteste Ertragstyp sind **Kursgewinne**: Steigt der Wert eines Assets etwa einer Aktie, eines ETFs oder einer Immobilie über den ursprünglichen Kaufpreis hinaus, entsteht ein

Gewinn bei der Realisierung, also beim Verkauf. Kursgewinne sind oft unregelmäßig und hängen stark von Marktstimmung, Unternehmensentwicklung und wirtschaftlichen Rahmenbedingungen ab.

Der jährliche Gewinn

Der jährliche Gewinn gehört zu den wichtigsten Kennzahlen, um die Rendite einer Wertschrift realistisch zu beurteilen. Er zeigt, wie stark ein Investment pro Jahr gewachsen ist unabhängig davon, ob der Betrachtungszeitraum zwei, fünf oder zehn Jahre umfasst. Berechnet wird er mit der Formel

$$Jährliche\ Rendite = \left(\frac{Preis\ am\ Ende}{Preis\ zu\ Beginn}\right)^{1/_{Dauer}}$$

und entspricht damit der durchschnittlichen Wachstumsrate pro Jahr.

Formel:

Wir wollen mit der Formel nicht abschrecken. Wir können sie an einem Beispiel erläutern. Nehmen wir an, man habe für 100 Fr. einen ETF gekauft. Nach 3 Jahren sei der ETF 130 Fr. wert. Teilt man den Preis am Ende (130 Fr.) durch den Preis zu Beginn (100 Fr.) erhält man 1.3, was einem Gewinn von 30% entspricht.

Dies muss man jetzt auf ein Jahr zurückrechnen. Die Dauer beträgt ja 3 Jahre. Dazu nimmt man auf dem Taschenrechner auf dem Mobiltelefon im wissenschaftlichen Modus die Taste x^y, man tippt die Zahl 1.3 ein, drückt die Taste x^y sowie (1÷3) und dann das Gleichheitszeichen. Das Resultat ist 1.091. D.h. die jährliche Rendite beträgt 9.1%.

Diese Kennzahl macht unterschiedliche Zeiträume direkt vergleichbar und verhindert, dass außergewöhnlich gute oder schlechte Einzeljahre das Gesamtbild verzerren. In der App wird der jährliche Gewinn sowohl auf Portfolioebene als auch für jede einzelne Wertschrift ausgewiesen, sodass Anlegerinnen und Anleger sofort erkennen, welche Positionen langfristig am stärksten zur Wertentwicklung beitragen. Der jährliche Gewinn wird in der App angezeigt:

jährlicher Gewinn
auf Portfolio-Seite

jährlicher Gewinn
auf Aktienseite

Eine zweite, stabilere Form von Erträgen sind **laufende Ausschüttungen**. Dazu gehören **Dividenden** bei Aktien, **Zinsen** bei Sparkonten oder Geldmarktfonds sowie der **Coupon** bei Obligationen. Dividenden stammen meist aus Unternehmensgewinnen und werden typischerweise einmal pro Jahr ausgezahlt. Zinsen und Coupons hingegen sind vertraglich festgelegt und bieten planbare Einnahmen – ein Vorteil für Anleger, die Wert auf Stabilität legen. Leider sind Zinsen sowohl auf Sparkonten als auch von Obligationen im heutigen Umfeld so tief, dass diese Anlagen nicht mehr attraktiv sind und man damit wegen der höheren Inflation Geld verliert.

Schliesslich gibt es **thesaurierende Anlagen**, bei denen Erträge nicht ausgeschüttet, sondern automatisch wieder investiert werden. Man nennt das thesaurierend. Ein thesaurierender ETF beispielsweise reinvestiert Dividenden direkt in den Fonds. Dadurch entsteht ein Zinseszinseffekt, der langfristig zu einem deutlich stärkeren Vermögenswachstum führen kann. Für Anleger, die nicht aktiv über Ausschüttungen verfügen müssen oder wollen, ist diese Form besonders attraktiv, weil sie nicht als Einkommen versteuert wird.

Zinsen und Dividenden gelten in der Schweiz als **steuerbares Einkommen** und müssen jedes Jahr in der Steuererklärung angegeben werden. Dazu gehören Zinsen aus Sparkonten, Obligationen oder Geldmarktfonds sowie Dividenden aus Aktien und ausschüttenden ETFs. Diese Erträge erhöhen das Einkommen und werden zum persönlichen Einkommenssteuersatz besteuert.

Ganz anders behandelt die Schweiz jedoch **Kursgewinne**: Für private Anlegerinnen und Anleger gelten sie in der Regel als **steuerfrei**, solange keine gewerbsmässige Tätigkeit vorliegt. Das bedeutet, dass Wertsteigerungen von Aktien, Fonds oder ETFs beim Verkauf nicht besteuert werden. Ebenso bleiben **thesaurierende ETFs**, die Dividenden automatisch reinvestieren, steuerlich attraktiv: Die Wiederanlage selbst löst keine Steuer aus, und nur der ausgewiesene Ertragsanteil wird als Einkommen erfasst. Dadurch profitieren Anleger von einem steuerlich effizienten Wachstum, das den langfristigen Vermögensaufbau deutlich unterstützt.

In Deutschland und Österreich fallen beim Verkauf von Aktien und ETFs Gewinnsteuern an. Verluste können gegen Gewinne mit Einschränkungen aufgerechnet werden.

Steuerpflicht erst beim Verkauf:

- Deutschland: Abgeltungsteuer 25 % + Zuschläge
- Österreich: KESt 27,5 %

Verlustverrechnung möglich, aber in beiden Ländern **streng regle-**

mentiert.

Zins und Zinseszins

Der Zinseszins beschreibt den Effekt, dass nicht nur das ursprünglich investierte Geld Zinsen erwirtschaftet, sondern auch die bereits erhaltenen Zinsen selbst wieder und wieder verzinst werden. Dadurch wächst ein Vermögen nicht linear, sondern immer schneller wie ein Schneeball, der beim Rollen größer wird. Entscheidend ist dabei nicht nur die Höhe des Zinssatzes, sondern vor allem die Zeit. Je länger das Geld investiert bleibt, desto stärker wirkt der Zinseszins, weil sich die Zinsen Jahr für Jahr auf einen immer größeren Betrag beziehen. Ein lustiges und theoretisches Beispiel ist: Wenn Jesus während seines Lebens für mich einen Euro auf ein Sparkonto einbezahlt hätte, wäre ich 2'000 Jahre später nicht nur Milliardär, sondern die mit Abstand reichste Person auf dem Planeten.

Ein einfaches Beispiel zeigt die Kraft dieses Effekts: Wer **10'000 Fr.** zu **2** % anlegt, hat nach

- **10 Jahren** rund **12'190 Fr.**
- **20 Jahren** aber bereits **14'860 Fr.**

Bei **4** % Zins wird der Unterschied grösser: Nach

- **10 Jahren** stehen **14'800 Fr.**
- **20 Jahren** sogar **21'910 Fr**.

Der Einsatz hat sich also mehr als verdoppelt – ohne zusätzliche Einzahlungen. Dieses Wachstum entsteht allein dadurch, dass die Zinsen jedes Jahr wieder mit verzinst werden. Genau deshalb gilt der Zinseszins als einer der stärksten langfristigen Motoren für Vermögensaufbau, besonders für Anlegerinnen und Anleger, die früh beginnen und geduldig investieren.

Der Zinseszinseffekt entfaltet bei tiefen Zinsen kaum Wirkung

Der Zinseszinseffekt gilt als eines der wichtigsten Prinzipien des langfristigen Vermögensaufbaus. Er beschreibt, dass nicht nur das eingesetzte Kapital Zinsen erwirtschaftet, sondern auch die bereits erhaltenen Zinsen wiederum verzinst werden.

Über viele Jahre kann daraus ein beeindruckender Wachstumseffekt entstehen – allerdings nur, wenn der Zinssatz hoch genug ist.

Die Formel lautet:

$$K_n = K_0(1 + \frac{p}{100})^n$$

Formel:

In dieser Formel steht K_0 für das Kapital zu Beginn, K_n für das Kapital nach n Jahren. Die Zahl p steht für den Zinssatz in Prozent. Nehmen wir ein Anfangskapital von 100 Fr. und einen Zinssatz von 6%. Damit wird der Ausdruck in der Klammer 1.06. Um das Kapital nach 3 Jahren zu berechnen, muss man auf dem Taschenrechner des Mobiltelefons in der wissenschaftlichen Darstellung zuerst 1.06 eintippen, dann die Taste x^y und die Anzahl Jahre. Wenn man das Gleichheitszeichen drückt, erhält man 1.1910. Dies muss man noch mit dem Anfangskapital von 100 Fr. multiplizieren. D.h. nach drei Jahren sind aus den 100 Fr. nun 119.10 Fr. geworden.

Die 72er-Regel

Einfacher geht es mit einer Faustregel Sie gibt näherungsweise die Zeit an, in der sich ein angelegtes Kapital verdoppelt. Dazu teilt man 72 durch den Zinssatz, zu dem das Kapital angelegt wird. Nehmen wir das Beispiel mit 6% Zins. 72 geteilt durch 6 ergibt 12. Somit dauert es bei 6% Zins etwa 12 Jahre, bis sich das Kapital verdoppelt hat.

$$t \approx \frac{72}{p}$$

Hier ist t die Zeit, bis sich das Kapital verdoppelt und p ist der Zinssatz in Prozent. Man kann die Formel auch umdrehen,

$$p \approx \frac{72}{t}$$

Dann sieht man, welchen Zinssatz man braucht, um ein Kapital in t Jahren zu verdoppeln. Wenn wir also das Kapital in 12 Jahren verdoppeln wollen, braucht es einen Zins von 72/12 = 6%.

Tipp:

Die Faustregel reicht aus. Man kann in einem Umfeld von niedrigen Zinsen und Inflation eine einfache Rechnung machen. Entscheidend sind Zeit und **GEDULD**.

Tiefzinsumfeld

In der heutigen Realität sieht es anders aus. Bei Zinssätzen von 0.5 %, 1 % oder 1.5 % ist der Zinseszinseffekt mathematisch vorhanden, aber wirtschaftlich bedeutungslos. Selbst über Jahrzehnte entsteht kaum ein spürbarer Vermögenszuwachs.

Hinzu kommt, dass die Inflation in den meisten Jahren höher ist als diese niedrigen Zinsen. Das bedeutet: Obwohl das Guthaben nominal wächst, verliert es real an Kaufkraft. Der Zinseszinseffekt kann diesen Verlust bei tiefen Zinsen nicht ausgleichen.

Deshalb spielt der Zinseszinseffekt heute vor allem dort eine Rolle, wo die Renditen höher sind, etwa bei breit diversifizierten Aktieninvestitionen. Bei klassischen Sparkonten oder Obligationen ist er im aktuellen Umfeld kaum mehr als eine theoretische Fussnote. Bei thesaurierenden ETFs kommt der Zinseszinseffekt voll zum Tragen, weil die Dividenden des Fonds wieder investiert werden und wie ein zusätzlicher Zins wirken.

Zinseszins für regelmässige Sparer

Diszipliniertes, regelmäßiges Sparen ist einer der stärksten Hebel für langfristigen Vermögensaufbau und der Zinseszins verstärkt diesen Effekt Jahr für Jahr. Wer jeden Monat einen festen Betrag investiert, profitiert nicht nur vom stetigen Kapitalzufluss, sondern auch davon, dass jeder Franken oder Euro sofort beginnt, Zins oder Rendite zu erwirtschaften. Mit der Zeit verzinsen sich nicht nur die Einzahlungen, sondern auch die bereits erzielten Gewinne. Dadurch entsteht ein wach-sender Schneeballeffekt, der besonders dann stark wirkt, wenn man früh beginnt und konsequent bleibt. Selbst kleine monatliche Beträge können so zu beachtlichen Summen anwachsen.

Ein einfaches Beispiel zeigt die Kraft dieser Kombination:

Wer **100 Fr. pro Monat** zu einer moderaten Rendite von **4 % pro Jahr** investiert, kommt man nach

- **10 Jahren** auf **14'800 Fr.**, obwohl nur **12'000 Fr.** eingezahlt

Bei **300 Fr. pro Monat** wächst das Vermögen nach

- **10 Jahren** auf **44'400 Fr.** an, obwohl nur **36'000 Fr.** einbezahlt

Der Unterschied zwischen Einzahlungen und Endwert entsteht allein durch den Zinseszins. Je länger der Zeitraum und je konsequenter die Einzahlungen, desto stärker wird dieser Effekt. Für Sparende bedeutet das: Regelmässigkeit schlägt Perfektion, und Zeit ist der wichtigste Verbündete beim Vermögensaufbau.

Leider funktioniert der Zinseszins-Effekt heute bei Sparkonten wegen der tiefen Zinsen nicht. Aber man kann den Effekt auch erreichen, wenn man konsequent **Aktien oder ETFs** kauft. Durch den Zinseszins-Effekt vermehrt sich das investierte Kapital, und jede Rendite, die daraus entsteht, wird wiederum reinvestiert. Das Stichwort heisst «thesaurierend». Und man muss sich keine Gedanken machen, wie eine ausbezahlte Dividende wieder angelegt werden soll. Sie bleibt automatisch im Fond.

Besonders bei ETFs, die breit gestreut sind und langfristig stabile Durchschnittsrenditen erzielen, entfaltet der Zinseszins seine volle Wirkung. Wer also stetig Anteile kauft, profitiert doppelt: vom stetigen Vermögensaufbau durch Einzahlungen und vom Wachstum der bereits investierten Beträge. Weiter werden die Schwankungen der Wertschriften gemittelt, wenn man in gleichen Zeitintervallen zukauft. Das Risko zu einem ungünstigen Zeitpunkt gekauft zu haben, wird minimiert. Über die Jahre entsteht so ein kraftvoller Automatismus, der das Vermögen immer schneller wachsen lässt – ganz unabhängig davon, ob die Märkte kurzfristig schwanken.

Kursgewinn, Kursverlust und Volatilität

Aktienkurse schwanken kurzfristig oft stark, doch über lange Zeiträume zeigt der Aktienmarkt einen erstaunlich stabilen Wachstumspfad. Historisch haben breite Aktienindizes jährliche Renditen von 7–8 % erzielt, ein Durchschnittswert, der trotz Krisen und Rückschlägen über Jahrzehnte Bestand hatte. Dieser langfristige Trend entsteht aus Produktivitätswachstum, Innovation und steigenden Unternehmensgewinnen. Einzelne Aktien können stark abweichen, doch der Gesamtmarkt folgt über die Jahre einer klaren Aufwärtsbewegung.

Die Schwankungen einer Aktie werden als **Volatilität** bezeichnet, eine der wohl wichtigsten Finanzkennziffern. Sie misst, wie stark die **täglichen Renditen,** also die prozentualen Veränderungen des Kurses, um ihren Durchschnitt schwanken. Statistisch wird die Volatilität mit der **Standardabweichung** beschrieben.

Da die Schwankungen einer Aktie nicht nur vom Unternehmen selbst, sondern auch von der allgemeinen Marktlage beeinflusst werden, interessiert Anleger besonders, wie stark eine Aktie im Vergleich zum Gesamtmarkt reagiert. Dieses Verhältnis wird durch das **Beta (β)** gemessen. Ein **Beta von 1.0** bedeutet, dass sich die Aktie im Gleichschritt mit dem Markt bewegt. Ein **Beta von 0.5** zeigt, dass die Aktie nur halb so stark schwankt – typisch für defensive Branchen wie Versorger. Ein **Beta von 1.5** bedeutet, dass die Aktie 50 % stärker reagiert als der Markt, wie es bei zyklischen oder wachstumsorientierten Unternehmen häufig vorkommt. Das Beta hilft Anlegern einzuschätzen, wie sensibel ein Titel auf Marktbewegungen reagiert und wie gut er sich in ein ausgewogenes Portfolio einfügt.

In der App wird das Beta einer Aktie auf dem Info-Bildschirm einer Aktie angezeigt.

Wie schätzt man das Risiko ein

Rating und Vertrauenswürdigkeit

Ratings sind eine Art „Sicherheitsbarometer" für Anleihen, Staaten oder Unternehmen. Sie werden von unabhängigen Agenturen vergeben und sollen einschätzen, wie wahrscheinlich es ist, dass ein Schuldner seine Verpflichtungen erfüllt. Ein hohes Rating (z. B. AAA) signalisiert Stabilität und geringe Ausfallwahrscheinlichkeit, während niedrigere Ratings auf erhöhte Risiken hinweisen. Für Anleger bedeutet das: Ratings helfen, die Qualität eines Emittenten einzuschätzen, ersetzen aber nie die eigene Prüfung. Denn Ratings sind Momentaufnahmen und können sich ändern, wenn sich wirtschaftliche Bedingungen verändern. Vertrauenswürdigkeit entsteht deshalb nicht nur durch ein gutes Rating, sondern durch Transparenz, solide Geschäftsmodelle und eine nachvollziehbare Finanzhistorie. Beispiele für Agenturen sind: S&P Global Ratings, Moody's und viele weitere.

Volatilität

Volatilität beschreibt, wie stark der Wert einer Anlage schwankt. Hohe Volatilität bedeutet große Ausschläge nach oben und unten, ein Zeichen dafür, dass der Markt unsicher ist oder stark auf Nachrichten reagiert. Niedrige Volatilität steht für stabile Kursverläufe. Für Anleger ist Volatilität ein zweischneidiges Schwert: Sie schafft Chancen, weil starke Schwankungen oft günstige Einstiegsgelegenheiten bieten, aber sie erhöht auch das Risiko, kurzfristig deutliche Verluste zu erleiden. Wer langfristig investiert, sollte Volatilität nicht als Bedrohung sehen, sondern als natürlichen Bestandteil der Märkte. Entscheidend ist, ob man die Schwankungen emotional und finanziell aushalten kann.

Verhalten in der Vergangenheit

Die historische Entwicklung einer Anlage zeigt, wie sie in Krisen, Boomphasen und Seitwärtsmärkten reagiert hat. Vergangene Wertentwicklungen sind zwar keine Garantie für die Zukunft, aber sie geben Hinweise darauf, wie robust ein Investment ist. Hat ein Fonds mehrere Crashs überstanden und sich immer wieder erholt, spricht das für ein widerstandsfähiges Konzept. Ebenso wichtig ist die Frage, wie lange frühere Erholungsphasen gedauert haben. Denn das zeigt, wie viel Geduld ein Anleger mitbringen muss. Wer versteht, wie ein Investment in der Vergangenheit reagiert hat, kann besser einschätzen, ob es zur eigenen Risikotoleranz passt.

Wechselkurs-Risiko

Sobald ein Anleger in ausländische Werte investiert, spielt der Wechselkurs eine entscheidende Rolle. Selbst wenn eine Aktie oder ein ETF im Ursprungsland stabil bleibt, kann der Wert in der eigenen Währung nach Umrechnung schwanken. Ein starker Franken oder Euro kann Gewinne schmälern. Hingegen kann eine schwächere Heimatwährung Renditen wegen des Währungsgewinns verstärken. Dieses Risiko ist besonders relevant bei globalen Aktienindizes wie dem MSCI World, der in US-Dollar notiert. Anleger sollten sich bewusst sein, dass Währungsschwankungen kurzfristig stark wirken können, langfristig aber oft weniger ins Gewicht fallen, wenn breit diversifiziert investiert wird.

Wir wissen aktuell, dass der Schweizer Franken eine starke Währung ist, wohingegen der Euro und vor allem der US-Dollar an Wert verloren. Aber die Wissenschaft zeigt, dass Währungen kurzfristig «white noise» sind, also zufällig schwanken. Es macht also keinen Sinn, kurzfristig auf Währungsgewinne zu setzen.

Risikoklassen

Risikoklassen helfen Anlegern, Finanzprodukte nach ihrem Gefahrenpotenzial einzuordnen. Sie reichen typischerweise von sehr konservativ (z. B. Staatsanleihen hoher Bonität) bis spekulativ (z. B. Kryptowährungen oder Einzelaktien kleiner Unternehmen). Die Einteilung berücksichtigt Faktoren wie Schwankungsbreite, Ausfallrisiko, Liquidität und Komplexität. Für Anleger ist die Risikoklasse ein Orientierungspunkt: Sie zeigt, ob ein Produkt zur eigenen finanziellen Situation, zum Anlagehorizont und zur persönlichen Risikobereitschaft passt.

In der App wird die Risikoklasse auf Grund der Kennzahlen der Wertschriften berechnet und auf dem Kennzahlen-Bildschirm angezeigt

Qualität der Geschäftsmodelle von Firmen

Die Bewertung eines Unternehmens ist einer der anspruchsvollsten, aber auch wichtigsten Schritte für Anleger, die das Risiko und das Kurspotenzial einer Aktie einschätzen möchten. Im Kern geht es darum zu verstehen, **ob die Firma in fünf, zehn oder zwanzig Jahren stärker dastehen wird als heute**. Dafür lohnt sich ein Blick auf mehrere zentrale Faktoren.

Wettbewerbsposition:

Ein Unternehmen kann nur dann dauerhaft erfolgreich sein, wenn es sich gegen die Konkurrenz behauptet. Dazu gehört, wie groß der Marktanteil ist, wie stark die Marke wahrgenommen wird und wie hoch die Eintrittsbarrieren für neue Wettbewerber sind. Firmen, die in einem harten Preiskampf stehen oder deren Produkte leicht kopierbar sind, tragen ein höheres Risiko. Umgekehrt können Unternehmen mit klarer Marktführerschaft oder einzigartigen Fähigkeiten langfristig höhere Gewinne erzielen. Coca-Cola wäre hier ein Beispiel.

Investitionen in Forschung und Entwicklung:

Innovationskraft ist ein entscheidender Treiber für zukünftiges Wachstum. Unternehmen, die konsequent in Forschung und Entwicklung investieren, schaffen sich neue Produkte, bessere Prozesse und technologische Vorsprünge. Ein hoher F&E-Anteil ist kein Garant für Erfolg, aber ein starkes Signal dafür, dass die Firma nicht auf dem Status quo verharrt. Besonders in technologiegetriebenen Branchen ist dies ein zentraler Faktor für die Bewertung.

Kompetitiver Vorteil (Moat):

Der vielleicht wichtigste Punkt ist der sogenannte „Burggraben" (englisch moat) oder nachhaltige Wettbewerbsvorteil eines Unternehmens. Das kann eine starke Marke sein, ein technologischer Vorsprung, Netzwerkeffekte, Patente oder eine besonders effiziente Kostenstruktur. Firmen mit einem klaren Moat können ihre Preise besser durchsetzen, Krisen leichter überstehen und langfristig höhere Renditen erzielen. Für Anleger ist ein stabiler Wettbewerbsvorteil oft das stärkste Argument für ein attraktives Kurspotenzial bei gleichzeitig geringerem Risiko.

Da wir eine Anlagestrategie empfehlen, die auf breit diversifizierten ETFs basiert und nicht auf der Auswahl einzelner Aktien, spielt die Qualität oder Stabilität einzelner Geschäftsmodelle nur eine untergeordnete Rolle.

Inflation

Inflation beschreibt den Prozess, bei dem Geld im Laufe der Zeit an Kaufkraft verliert. Das bedeutet: Die Preise für Waren und Dienstleistungen steigen, während derselbe Geldbetrag weniger kaufen kann als zuvor. Ausgelöst wird Inflation typischerweise durch steigende Produktionskosten, höhere Nachfrage oder eine Ausweitung der Geldmenge. Für Verbraucher zeigt sich das im Alltag konkret, etwa wenn Lebensmittel, Mieten oder Energie teurer werden. Für Anleger ist Inflation ein zentraler Faktor, weil sie die reale Rendite schmälert: Ein Investment, das nominal wächst, kann real an Wert verlieren, wenn die Preissteigerung höher ist als die erzielte Rendite. Genau deshalb spielt langfristiges Investieren in reale Werte wie

Aktien eine wichtige Rolle, um die Kaufkraft des eigenen Vermögens zu schützen.

Historische Inflationsentwicklung: USA, EU und Schweiz

Die Inflationsentwicklung der letzten Jahrzehnte zeigt, wie unterschiedlich wirtschaftliche Dynamiken in den USA, der EU und der Schweiz verlaufen sind — und wie stark politische, strukturelle und externe Faktoren die Preisstabilität beeinflussen.

USA: Die Vereinigten Staaten erlebten in den frühen 1980er Jahren eine Phase extrem hoher Inflation, mit Spitzenwerten über 13 % pro Jahr. Diese wurde durch die restriktive Geldpolitik der Federal Reserve unter Paul Volcker bekämpft, was zu einem markanten Rückgang führte. Seit den 1990er Jahren blieb die US-Inflation meist zwischen 1,5 % und 3 %, mit Ausnahme der Corona-Nachwirkungen 2021–2022, als sie erneut auf über 8 % stieg. Die US-Inflation ist tendenziell volatiler, aber auch schneller in der Reaktion auf geldpolitische Massnahmen.

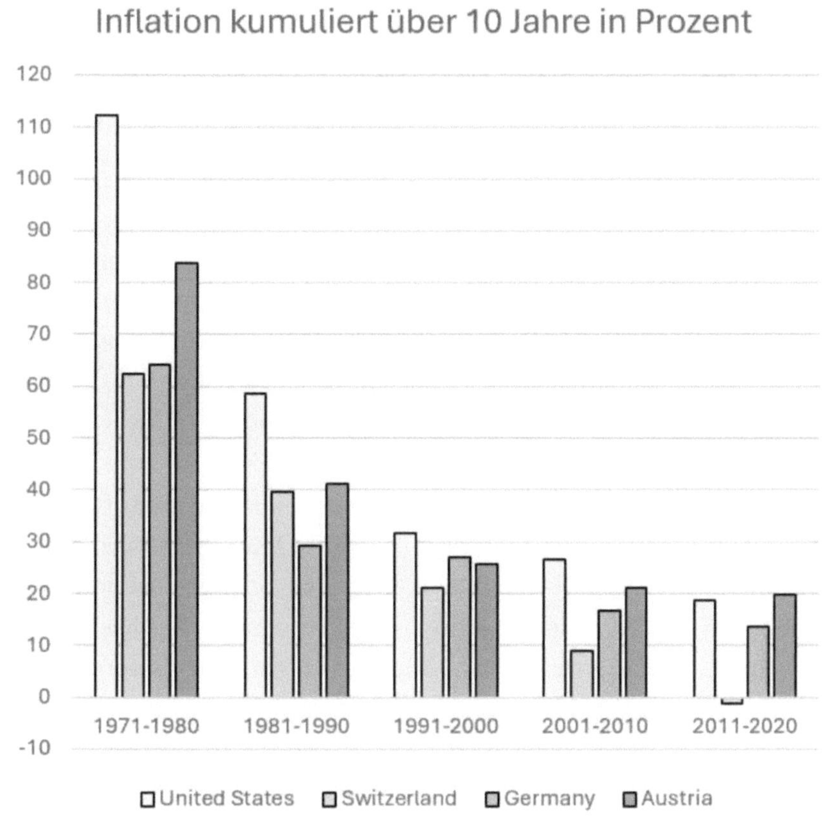

Quelle: Weltbank

EU / Deutschland: Die Inflationsrate in Deutschland als Proxy für die Eurozone zeigt ein ähnliches Muster: hohe Werte in den frühen 1980er Jahren (über 10 % pro Jahr), dann eine lange Phase relativer Stabilität zwischen 1 % und 3 % pro Jahr. Die Jahre 2022–2023 markieren eine Ausnahme, mit einem sprunghaften Anstieg auf knapp 8 %, ausgelöst durch Energiekrise, Lieferkettenprobleme und expansive Fiskalpolitik. Die Projektionen ab 2025 zeigen eine Rückkehr zur Zielmarke von rund 2 %.

Schweiz: Die Schweiz weist im internationalen Vergleich eine bemerkenswert stabile Inflationsentwicklung auf. Seit 1986 bewegte sich die Teuerung meist zwischen –1 % und +2 %, mit wenigen Ausreissern: 1991 (über 5 %) und 2022 (rund 3 %). Die Gründe liegen in der starken Währung, der konservativen Geldpolitik der SNB und der hohen Preisstabilität im Binnenmarkt. Selbst globale Krisen wie die Finanzkrise oder Corona führten nur zu moderaten Ausschlägen.

Jährliche Inflationsraten von nur wenigen Prozent wirken harmlos. Doch über längere Zeiträume entfaltet sich ihre Wirkung deutlich stärker. Das Diagramm zeigt die Inflation über zehn Jahre. Steigen die Preise in diesem Zeitraum um 30 %, bedeutet das zugleich, dass die Kaufkraft des Geldes um 30 % sinkt.

Fazit für Anleger: Die Graphik zeigt eindrücklich, dass Inflation kein stabiles Phänomen ist. Während die USA und Deutschland stärkere Ausschläge und schnellere Zyklen erleben, bleibt die Schweiz stabiler. Für Anleger bedeutet das: Wer international investiert, muss Wechselkurs- und Inflationsrisiken aktiv mitdenken und verstehen, wie unterschiedliche Volkswirtschaften auf externe Schocks reagieren.

Warum Aktien als Realwert einen natürlichen Schutz vor Inflation bieten

Aktien gehören zu den Realwerten, weil hinter ihnen echte Unternehmen stehen, die Produkte verkaufen, Dienstleistungen anbieten und Preise anpassen können. Wenn die Inflation steigt, verliert das Geld an Wert. Für dieselbe Ware muss man nominal mehr bezahlen und das gilt auch für Unternehmensanteile.

Steigen die Preise im Alltag, steigen langfristig auch die Umsätze und Gewinne der Unternehmen. Dieser Effekt schlägt sich im Aktienkurs nieder: Nicht, weil die Firma plötzlich „mehr wert" wäre, sondern weil das Geld weniger wert ist. Der nominale Preis der Aktie passt sich dem neuen Preisniveau an.

Damit bieten Aktien einen natürlichen Inflationsschutz. Während Geldwerte wie Bankguthaben oder Obligationen real an Kaufkraft verlieren, können Unternehmen ihre Preise und Erträge mit der Inflation mitbewegen. Über längere Zeiträume hat sich genau dieser Mechanismus immer wieder gezeigt: Aktienmärkte wachsen typischerweise schneller als die Inflation und erhalten so die reale Kaufkraft des investierten Vermögens.

Finanz- und Wirtschaftskrisen

Im Buch «Déja-vu? Lehren aus historischen Wirtschaftskrisen für eine zukunftsorientierte Anlagestrategie» von Codero, et al. Werden historische Wirtschafts- und Finanzkrisen analysiert und untersucht, mit welchen Anlagenklassen und mit welchem Anlegerverhalten, man ein Vermögen am besten schützen konnte. Es werden ein paar typische Krisentypen identifiziert und dargestellt. Hier fassen wir sie kurz zusammen.

Hyperinflation: Wenn Geld seinen Wert verliert

Hyperinflation entsteht, wenn ein Staat seine Ausgaben nicht mehr über Steuern oder Kredite finanzieren kann und stattdessen die **Notenpresse** nutzt, um Geld zu schaffen. Hohe **Staatsschulden** und **anhaltende Haushaltsdefizite** führen dazu, dass immer mehr Geld in Umlauf ist, während die Menge an verfügbaren Gütern gleichbleibt oder sogar sinkt. Das Ergebnis ist ein rapider Kaufkraftverlust. Ein klassisches Beispiel ist **Deutschland nach dem Ersten Weltkrieg**, als Reparations-Forderungen, politische Instabilität und massive Geldschöpfung dazu führten, dass Preise sich innerhalb eines Tages vervielfachten. Ein modernes Beispiel ist **Venezuela**, wo Misswirtschaft, sinkende Öleinnahmen und eine expansive Geldpolitik in den letzten zwei Jahrzehnten zu einer Hyperinflation geführt haben, die das Finanzsystem und die Ersparnisse der Bevölkerung zerstörte. Sie betrug Ende der 2010-er Jahre über 50%. Also Geld entwertete sich auf die Hälfte oder mehr pro Jahr.

Wirtschaftsdepressionen: Tiefe und langanhaltende Einbrüche

Eine Wirtschaftsdepression ist eine besonders schwere und langanhaltende Form der Rezession. Sie entsteht typischerweise durch eine Kombination aus **Finanzmarktcrash**, **Banken Zusammenbrüchen**, **massiver Arbeitslosigkeit**, **sinkender Nachfrage** und einer **Deflationsspirale**, in der fallende Preise Investitionen weiter unattraktiv machen. Das bekannteste Beispiel ist die **Grosse Depression in den USA in den 1930er-Jahren**. Ausgelöst durch den Börsencrash von 1929 kam es zu einer Kettenreaktion: Banken kollabierten, Unternehmen gingen massenhaft in Konkurs, Millionen Menschen verloren ihre Arbeit, und die Wirtschaft schrumpfte über Jahre hinweg. Die Depression zeigte, wie eng Finanzmärkte, Banken und Realwirtschaft miteinander verflochten sind – und wie schwierig es ist, eine solche Abwärtsspirale zu stoppen.

Die Finanzkrise von 2008 war der schwerste wirtschaftliche Schock seit der Grossen Depression der 1930er-Jahre. Doch im Gegensatz zu damals, reagierten Politik und Zentralbanken schnell, koordiniert und entschlossen. Genau darin zeigt sich, dass man aus den Fehlern der 30er-Jahre gelernt hat.

Während in den 1930ern die Geldpolitik zu spät und zu restriktiv war und die Staaten gleichzeitig massiv sparten, setzten die Entscheidungsträger 2008 auf das Gegenteil: Die Zentralbanken senkten die Zinsen rasch, stellten den Banken Liquidität zur Verfügung und stabilisierten das Finanzsystem. Gleichzeitig legten Regierungen grosse Konjunkturprogramme auf, um Nachfrage und Beschäftigung zu stützen.

Diese Kombination aus expansiver Geldpolitik und aktiver Fiskalpolitik verhinderte, dass die Krise eine langanhaltende Depression auslöste. Die Wirtschaft erholte sich schneller, als es ohne diese Massnahmen möglich gewesen wäre. Die Lehre aus der Geschichte war klar: In einer systemischen Krise muss der Staat stabilisieren, nicht sparen.

Zwillings- und Drillingskrisen in Schwellenländern: Wenn alles gleichzeitig zusammenbricht

Schwellenländer erleben häufig sogenannte **Zwillingskrisen** (Banken- und Währungskrise gleichzeitig) oder **Drillingskrisen** (zusätzlich eine Staatsverschuldungskrise). Die typische Ursache ist ein starker **Zufluss ausländischen Kapitals**, der zu übermässiger Verschuldung führt – sowohl im privaten als auch im staatlichen Sektor. Wenn Investoren plötzlich das Vertrauen verlieren und Kapital abziehen, geraten Währungen unter Druck, Banken werden illiquide und Staaten können ihre Schulden nicht mehr bedienen. Ein prominentes Beispiel ist die **Asienkrise der späten 1990er-Jahre**, die Länder wie Thailand, Indonesien und Südkorea in tiefe Rezessionen stürzte. Auch **Argentinien** erlebte mehrfach solche Krisen, ausgelöst durch hohe Auslandsschulden, Kapitalflucht und den Zusammenbruch des Bankensystems. Diese Krisen zeigen, wie gefährlich externe Abhängigkeiten für Schwellenländer sein können.

Stagflation: Wenn Inflation und Stagnation zusammen auftreten

Stagflation beschreibt die seltene und besonders problematische Kombination aus **hoher Inflation** und **wirtschaftlicher Stagnation**. Normalerweise bewegen sich Inflation und Wachstum in entgegengesetzte Richtungen, doch in den **1970er-Jahren** kam es weltweit zu einer Stagflation, ausgelöst durch die Ölpreisschocks der OPEC. Die stark steigenden Energiepreise verteuerten Produktion und Transport, während gleichzeitig die Wirtschaft stagnierte und die Arbeitslosigkeit stieg. Für die Geldpolitik ist

Stagflation besonders schwierig, weil Massnahmen gegen Inflation (z. B. höhere Zinsen) das Wachstum weiter bremsen, während Massnahmen zur Konjunkturbelebung die Inflation anheizen können. Die Erfahrung der 1970er-Jahre gilt bis heute als Mahnung, wie empfindlich moderne Volkswirtschaften auf Angebotsschocks reagieren.

Empfehlungen für Anleger

Krisen treffen selten die ganze Welt – regionale Diversifikation schützt

Viele Krisen sind **länderspezifisch** oder betreffen nur einzelne Wirtschaftsregionen. Hyperinflation, Währungsreformen, Finanzrepression oder Staatskrisen entstehen fast immer **lokal**, nicht global. Wer sein Vermögen breit über verschiedene Länder verteilt, reduziert das Risiko massiv, von einer einzelnen Krise voll getroffen zu werden. Besonders wichtig ist dabei, **nicht ausschliesslich in lokale Nominalwerte** (Bankguthaben, Obligationen, lokale Anleihen) investiert zu sein, da diese in fast allen Krisenszenarien zu den Verlierern gehören. Ausländische Anlagen insbesondere ausländische Aktien und Gold dienen als Schutzschild, wenn das eigene Land in Schwierigkeiten gerät.

Aktien und Gold gehören zu den robustesten Anlageklassen in fast allen Krisen

Über alle Krisentypen hinweg fällt auf: **Gold** und **Aktien** schneiden am stabilsten ab.

- Gold wird in fast jeder Krise empfohlen.
- Aktien werden in vielen Szenarien als relativ sicher eingestuft, weil Unternehmen Preise anpassen können.

Ob Hyperinflation, Stagflation oder Finanzrepression. Gold und Aktien behalten ihre Funktion als Wertaufbewahrungsmittel bei, während Nominalwerte wie Obligationen oder Liquidität real an Kaufkraft verlieren. Selbst in Währungsreformen oder Zwillingskrisen gelten **ausländische Aktien** als Schutz, weil sie nicht von der lokalen Entwertung betroffen sind.

Nominalwerte sind in den meisten Krisen die Verlierer

Liquidität, Obligationen und andere Nominalwerte gehören in fast allen Krisen zu den Anlageklassen, die man **meiden** sollte.

- In Hyperinflation und Stagflation verlieren sie real massiv an Wert.
- In Währungsreformen und Finanzrepression sind sie Besonders gefährdet, weil Staaten genau dort eingreifen.
- In Depressionen sind nur sehr kurzfristige, sehr sichere Anleihen sinnvoll, langfristige Schulden hingegen sollten gemieden werden.

Tipp:

Damit wird deutlich: Wer sein Vermögen vor Krisen schützen will, ist mit ETFs und langfristigem Horizont relativ sicher.

Börsencrashs

Der MSCI World bildet seit Ende der 1970er/1980er Jahre die Aktienmärkte der Industrieländer ab. Über diesen Zeitraum gab es mehrere tiefe Einbrüche („Drawdowns“), aber auch eine beeindruckende langfristige Wertentwicklung.

Langfristige Rendite:

- In US-Dollar: seit 2005 jährlich ca. **6.8%**
- seit 2015 jährlich **ca. 9.5%**

Maximaler Einbruch:

- in der Finanzkrise 2008 ca. **–55** %
- aber nach **7 Jahren** (2007–2014) war er wieder aufgeholt
- in der Corona-Krise 2021 ca. **-22%**
- aber nach **einem Jahr** hat er wieder aufgeholt

Quelle: yahoo finance

Die zentrale Botschaft lautet: Trotz mehrerer massiven Crashs lag die **durchschnittliche jährliche Rendite des MSCI World über Jahrzehnte bei rund 8–10** %, bevor Steuern und Inflation abgezogen werden.

Schauen wir einige der grösseren Krisen im Detail an:

Dotcom-Blase (2000–2002): lange Durststrecke

Was ist passiert? Ende der 1990er Jahre wurden Technologie- und Internetaktien als überbewertet eingestuft. Viele Unternehmen hatten kaum Umsatz, aber Milliardenbewertungen. Als die Erwartungen kollabierten, brachen Tech-Aktien und mit ihnen der MSCI World massiv ein.

Rückgang: Der MSCI World fiel um mehr als 50 %.

Ursachen:

- Spekulation auf „neue Wirtschaft"
- Überzogene Gewinnerwartungen
- Kaum tragfähige Geschäftsmodelle

Wirkung auf Anleger:

Viele Privatanleger stiegen am Höhepunkt ein und verkauften im Panikmodus am Tiefpunkt. Wer breit gestreut im MSCI World investiert war und **nicht verkaufte**, erlebte aber etwas anderes: eine lange, aber letztlich überstandene Durststrecke.

Wiederaufholzeit nach dem Platzen der Dotcom-Blase:

Grösster Rückgang vom Höchststand (Drawdown von -55.7%) im MSCI World: **August 2000 bis Februar 2014**, es dauerte also **13,5 Jahre.**

Die Dotcom-Blase ist das beste Beispiel dafür, dass Aktienmärkte zwar langfristig steigen, aber Anleger psychologisch in der Lage sein müssen,

10–15 Jahre Seitwärts-/Abwärtsphasen auszuhalten.

Die Finanzkrise 2008: Systemschock und schnelle Erholung

Was ist passiert? Die US-Immobilienblase und faule Hypothekenkredite (Subprime) führten zum Zusammenbruch von Finanzinstituten. Die Krise griff auf das gesamte Finanzsystem über.

Rückgang: 2008 verlor der MSCI World rund –**37%**

Ursachen:

- exzessive Verschuldung
- komplexe Verbriefungen CDO (Collateralized Debt Obligation)
- Vertrauensverlust im Bankensystem

Wirkung auf Anleger:

Viele Anleger erlebten den stärksten Einbruch ihrer Lebenszeit. Wer in Einzelaktien oder Banken konzentriert investiert war, erlitt teils dauerhafte Verluste. Wer jedoch **breit im MSCI World investiert blieb**, profitierte von der anschließenden Erholung.

Wiederaufholzeit:

Der Tiefpunkt lag Anfang 2009; je nach Währung und Betrachtung war der Index nach ca. 3–5 Jahren wieder auf Vorkrisenniveau. (In vielen Auswertungen ist der Drawdown 2007–2009 Teil der langen Phase von 2000–2014, aber isoliert betrachtet war die Erholung deutlich schneller.)

Die Finanzkrise zeigt, dass selbst ein „Systemschock" mit –50 % und mehr **innerhalb weniger Jahre** aufgeholt werden kann, vorausgesetzt, man bleibt investiert und ist breit diversifiziert

Corona-Crash 2020: schnellster Absturz – schnellste Erholung

Was ist passiert? Mit Beginn der COVID-19-Pandemie im Frühjahr 2020 brachen die Märkte weltweit ein. Lockdowns, Unsicherheit und Gewinnwarnungen führten zu einem historischen Tempo im Kurssturz.

Rückgang: Der MSCI World verlor im Frühjahr 2020 in wenigen Wochen rund **–30 % bis –35 %**.

Ursachen:

- globale Pandemie
- wirtschaftliche Stillstände
- Panikverkäufe

Wirkung auf Anleger:

Viele Anleger erlebten zum ersten Mal, wie schnell ein Depot ein Drittel an Wert verlieren kann. Gleichzeitig war dies ein Paradebeispiel dafür, wie gefährlich es ist, in der Panik auszusteigen.

Wiederaufholzeit:

Der MSCI World erreichte sein Vorkrisenniveau bereits nach **wenigen Monaten** wieder. eine der schnellsten Erholungen der Börsengeschichte.

Der Corona-Crash eignet sich perfekt, um zu zeigen, dass **die grössten Verluste oft dann entstehen**, wenn Anleger im Tief verkaufen, nicht durch den Crash selbst.

Was lernen wir daraus? Crashs, Erholungszeiten und langfristiges Wachstum

Crashs sind normal, nicht die Ausnahme. In den letzten 40–50 Jahren gab es mehrere Einbrüche von **–30 % bis –55 %** im MSCI World.

Erholungszeiten variieren stark:

- Corona-Crash: **Monate**
- Finanzkrise 2008: **einige Jahre**
- Dotcom-Blase (inkl. Folgeeffekte): **über ein Jahrzehnt**

Langfristige Rendite trotz allem:

- durchschnittlich **8–10 % pro Jahr** über mehrere Jahrzehnte
- nach Inflation bleiben langfristig immer noch **deutlich positive Re-**

alrenditen.

Psychologische Botschaft:

Wer in einen globalen Index wie den MSCI World investiert, kauft sich **Crashs und Krisen mit ein** – aber auch die **Erholung und das langfristige Wachstum**. Entscheidend ist nicht, ob es Crashs gibt, sondern **ob man sie emotional und finanziell aushält**, ohne die eigene Strategie zu zerstören.

Tipp:

Bei einem Crash muss man die Nerven behalten und abwarten, bis sich die Börsen erholt haben.

Die Illusion des perfekten Timings

Die Idee, Aktien „oben" zu verkaufen und „unten" zu kaufen (buy low, sell high), klingt verlockend, ist aber in der Praxis unmöglich. Märkte bewegen sich nicht linear, sondern in unvorhersehbaren Sprüngen. Selbst Profis mit modernsten Modellen schaffen es nicht, den idealen Zeitpunkt zuverlässig zu treffen. Wer glaubt, er könne erkennen, wann ein Kurs seinen Höhepunkt erreicht hat, irrt fast immer: Häufig steigt die Aktie nach dem vermeintlichen „Top" weiter. Und wer denkt, ein Kurs sei am Boden angekommen, erlebt oft, dass es noch weiter fällt. Timing ist kein Plan, sondern eine Wette und Wetten sind keine Anlagestrategie.

Die wichtigsten Gewinne entstehen in kurzen Sprintphasen

Die langfristige Statistik der Aktienmärkte zeigt ein verblüffendes Muster: Der überwiegende Teil des Wachstums entsteht in wenigen, kurzen Phasen manchmal nur an wenigen Tagen pro Jahr. Dazwischen passiert oft wenig oder es kommt zu Schwankungen ohne klare Richtung.

Wer ständig kauft und verkauft, läuft Gefahr, genau diese entscheidenden Sprintphasen zu verpassen. Studien zeigen, dass Anleger, die nur die besten 10 oder 20 Tage eines Jahrzehnts verpassen, ihre Rendite dramatisch reduzieren. Das Risiko ist also nicht nur, falsch auszusteigen, sondern vor allem, **nicht rechtzeitig wieder einzusteigen**.

Buy-and-Hold ist langfristig überlegen

Gerade weil Timing so schwierig ist und die wichtigsten Gewinne in kurzen Schüben auftreten, hat sich die Buy-and-Hold-Strategie als überlegen erwiesen. Wer investiert bleibt, nimmt automatisch alle Wachstumsphasen mit, auch jene, die überraschend und plötzlich auftreten. Buy-and-Hold schützt Anleger vor emotionalen Fehlentscheidungen, reduziert Transaktionskosten und sorgt dafür, dass das Kapital kontinuierlich für sie arbeitet. Langfristig zeigt sich: Nicht derjenige erzielt die besten Renditen, der am häufigsten handelt, sondern derjenige, der geduldig bleibt und die Zeit für sich arbeiten lässt.

Diversifikation

Anlagen verhalten sich unterschiedlich

Ein zentrales Prinzip der Geldanlage lautet: Nicht alle Anlagen bewegen sich gleich. Verschiedene Branchen, Technologien und Regionen reagieren unterschiedlich auf wirtschaftliche Entwicklungen, politische Ereignisse oder Marktstimmungen. Während einige Bereiche boomen, können andere gleichzeitig stagnieren oder sogar einbrechen. Genau diese Unterschiede machen Diversifikation so wertvoll. Wer sein Geld breit verteilt, reduziert das Risiko, dass ein einzelner negativer Trend das gesamte Portfolio belastet.

Zyklische Werte und Innovationszyklen

Einige Branchen sind stark konjunkturabhängig. Zyklische Werte wie Automobilhersteller, Bauunternehmen oder Luxusgüterproduzenten schwanken mit der wirtschaftlichen Lage: In Wachstumsphasen steigen sie oft überdurchschnittlich, in Rezessionen fallen sie besonders stark. Daneben gibt es Innovationszyklen, die ganze Sektoren zeitweise in den Mittelpunkt rücken. Mal ist Biotechnologie in Mode, dann wieder künstliche Intelligenz oder erneuerbare Energien. Solche Trends können enorme Chancen bieten, sind aber auch mit hohen Risiken verbunden. Wer nur auf einen Hype setzt, ist stark von dessen Verlauf abhängig.

	Tipp: Setze nie auf einen Hype. Wenn man investiert ist, kann man vom Hype profitieren. Aber man wird nie den exakten Zeitpunkt erraten. Also bleibe stur und diszipliniert.

Defensive Sektoren: Stabilität in allen Marktphasen

Im Gegensatz dazu stehen defensive Sektoren wie Gesundheitswesen, Basiskonsumgüter, Energieversorgung oder Telekommunikation. Diese Unternehmen bieten Produkte und Dienstleistungen an, die Menschen unabhängig von der Konjunktur benötigen. Ihre Gewinne schwanken weniger, und sie gelten als stabilisierender Faktor im Portfolio. Defensive Werte gleichen die Volatilität zyklischer Branchen aus und sorgen dafür, dass das Portfolio auch in schwierigen Zeiten nicht zu stark ins Minus rutscht.

Unterschiedliche wirtschaftliche Entwicklungen weltweit

Auch Volkswirtschaften entwickeln sich nicht im Gleichschritt. Länder wie China, Indien oder andere asiatische Staaten verzeichnen seit Jahren ein starkes Wachstum. Die USA profitieren von Innovationskraft und einem dynamischen Unternehmensumfeld. Europa hingegen kämpft mit strukturellen Herausforderungen und wächst langsamer. Diese Unterschiede wirken sich direkt auf die Aktienmärkte aus. Ein global diversifiziertes Portfolio profitiert von den Stärken verschiedener Regionen und ist weniger abhängig von der Entwicklung eines einzelnen Wirtschaftsraums.

Krisen, Kriege und Währungsbewegungen

Geopolitische Ereignisse treffen Anlagekategorien unterschiedlich. Ein Krieg kann Rohstoffpreise in die Höhe treiben, während Technologieaktien gleichzeitig unter Druck geraten. Politische Unsicherheiten können einzelne Länder oder Branchen stark belasten, während andere davon profitieren. Diese Faktoren sind kaum vorhersehbar, aber sie lassen sich durch breite Streuung abfedern.

Währungsrisiken: Chance und Herausforderung zugleich

Mit geografischer Diversifikation entstehen auch Währungsrisiken. Steigt der Schweizer Franken gegenüber dem Euro oder dem Dollar, können ausländische Aktien trotz guter Unternehmensentwicklung weniger Rendite bringen. Umgekehrt kann ein schwächerer Franken die Rendite erhöhen. Währungsrisiken sind kein Fehler, sondern ein natürlicher Bestandteil globaler Anlagen. Wichtig ist, sie bewusst einzuplanen und nicht zu unterschätzen. Ein breit gestreutes Portfolio über verschiedene Währungsräume verteilt das Risiko.

Breite Diversifikation durch Indexfonds

ETFs ermöglichen eine Diversifikation, die mit einzelnen Aktien kaum erreichbar wäre. Ein einziger ETF kann Hunderte oder sogar Tausende Unternehmen enthalten, die verschiedene Branchen, Länder und Unternehmensgrössen abdecken. Dadurch verteilt sich das Risiko. Selbst wenn einzelne Firmen oder Sektoren schwächeln, fällt das im Gesamtportfolio weniger ins Gewicht. Für Anleger, die ohne grossen Aufwand ein stabiles Fundament aufbauen möchten, sind ETFs deshalb ein ideales Instrument: Sie bieten breite Streuung, tiefe Kosten und eine transparente Struktur.

Gezielte Diversifikation über verschiedene ETF-Typen

Neben breit gestreuten Welt-ETFs können Anleger mit zusätzlichen ETFs gezielt Akzente setzen. Regionale ETFs ermöglichen eine geografische Diversifikation, etwa durch Fonds auf die USA, Europa oder Schwellenländer. Branchen-ETFs erlauben eine Auswahl einzelner Wirtschaftssektoren, ohne einzelne Aktien auswählen zu müssen. Durch die Kombination verschiedener ETF-Typen entsteht ein Portfolio, das sowohl global diversifiziert ist als auch individuelle Schwerpunkte berücksichtigt und das mit minimalem Aufwand.

Das Ziel der Diversifikation: Risiken streuen

Diversifikation bedeutet nicht, Risiken zu vermeiden, sondern sie zu verteilen. Wenn ein Bereich des Portfolios in eine Krise gerät, kann ein anderer gleichzeitig wachsen und die Verluste ausgleichen. Da niemand vorhersagen kann, wo der nächste Einbruch oder der nächste Boom stattfindet, ist es sinnvoll, breit zu investieren. Ein diversifiziertes Portfolio ist wie ein stabiles Haus: Es steht nicht auf einem einzigen Pfeiler, sondern auf vielen. Je breiter die Basis, desto sicherer steht das Ganze, selbst wenn einzelne Pfeiler wackeln.

ETF-Diversifikation: Einfach, aber nicht immer perfekt

ETFs sind ein hervorragendes Instrument, um Diversifikation mit minimalem Aufwand zu erreichen. Ein einziger ETF kann Hunderte oder sogar Tausende Unternehmen abdecken und damit Risiken breit streuen. Doch auch ETFs haben ihre Eigenheiten. Manche Indizes sind stark konzentriert, weil sie von wenigen sehr grossen Unternehmen dominiert werden. Ein klassisches Beispiel ist der schweizerische Aktienindex SMI, in welchem Schwergewichte wie Nestlé, Novartis und Roche einen grossen Teil des gesamten Index ausmachen. Obwohl ein ETF auf den SMI formal diversifiziert wirkt, hängen die Kursbewegungen stark von diesen wenigen Firmen ab und diese Unternehmen reagieren oft ähnlich auf wirtschaftliche Entwicklungen. Die tatsächliche Risikostreuung ist deshalb geringer, als viele Anleger annehmen.

Konzentrationsrisiken erkennen und bewusst ausgleichen

Wer mit ETFs diversifizieren möchte, sollte deshalb nicht nur auf die Anzahl der enthaltenen Titel achten, sondern auch auf deren Gewichtung. Ein Index, der stark von einzelnen Firmen oder Branchen geprägt ist, kann in Krisenphasen unerwartet hohe Schwankungen zeigen. Auch geografische Indizes können ähnliche Risiken bergen, wenn sie von wenigen Sektoren dominiert werden, etwa Technologie in den USA oder Exportindustrie in Asien.

Rebalancing

Wer sich einmal für eine bestimmte Portfolio-Aufteilung entschieden hat, etwa 30 % Welt-ETFs, 40 % Schweiz, 20 % Schwellenländer und 10 % Gold, legt damit fest, wie viel Risiko und Renditechance er tragen möchte. Doch Märkte bewegen sich unterschiedlich: Aktien steigen, Anleihen fallen, Gold schwankt. Nach einiger Zeit weicht die tatsächliche Gewichtung von der ursprünglichen Zielstruktur ab. Hier kommt das Rebalancing ins Spiel.

Es bedeutet, das Portfolio regelmäßig zu überprüfen und gegebenenfalls wieder ins Gleichgewicht zu bringen. Wenn etwa der Anteil der Welt-ETFs durch Kursgewinne auf 40 % gestiegen ist, während Gold auf 7 % gefallen ist, verkauft man einen Teil der Welt-ETFs und kauft Gold nach, bis die ursprüngliche Verteilung wieder stimmt.

Das Ziel ist nicht, kurzfristige Gewinne zu maximieren, sondern die ursprüngliche Risikostruktur zu erhalten. Rebalancing diszipliniert Anleger: Man verkauft, was stark gestiegen ist, und kauft, was zurückgeblieben ist also genau das Gegenteil impulsiver Marktreaktionen. Wie oft man dies durchführt, hängt von der Strategie ab. Viele Anleger tun es jährlich oder bei Abweichungen von mehr als 5 % pro Anlageklasse.

Tipp:

Wichtig ist, dass man einen Plan hat und ihn konsequent umsetzt.

Anlegerinnen und Anleger

Bevor Zahlen, Produkte oder Strategien eine Rolle spielen, steht die Frage im Raum: *Wer bin ich als Anleger?* Dieses Kapitel widmet sich genau dieser Grundlage. Denn erfolgreiche Geldanlage ist weniger eine Frage des perfekten Produkts als eine Frage **der persönlichen Ziele**, **der eigenen finanziellen Ausgangslage** und **der Bereitschaft, Risiken zu tragen.**

Viele Menschen beginnen zu investieren, ohne sich über diese drei Punkte klar zu sein. Sie folgen Empfehlungen, Trends oder dem Bauchgefühl und wundern sich später, warum sie nervös werden, zu früh verkaufen oder Chancen verpassen. Wer jedoch versteht, was er erreichen möchte, welche Mittel ihm zur Verfügung stehen und wie er emotional auf Schwankungen reagiert, legt ein stabiles Fundament für jede langfristige Strategie.

In diesem Kapitel betrachten wir deshalb die wichtigsten Bausteine eines Anlegerprofils. Wir sprechen darüber, welche Ziele realistisch und sinnvoll sind vom Vermögensaufbau über die Altersvorsorge bis hin zu konkreten Projekten wie dem Kauf eines Hauses. Wir beleuchten, wie die persönliche Vermögenssituation bestimmt, welche Anlageformen überhaupt infrage kommen. Und wir zeigen, warum die Risikobereitschaft kein theoretisches Konzept ist, sondern ein entscheidender Faktor, der darüber entscheidet, ob man eine Strategie durchhalten kann.

Am Ende soll jeder Leser ein klares Bild davon haben, wie er selbst als Anleger tickt. Denn erst wenn man sich selbst versteht, kann man eine Anlagestrategie wählen, die nicht nur auf dem Papier funktioniert, sondern auch im Alltag — ruhig, konsequent und langfristig erfolgreich.

Ziele der Anlage

Hier ein paar Beispiele für Sparziele.

Auto: Ein kurzfristiges und konkretes Ziel

Ein Auto gehört zu den klassischen Sparzielen, weil es meist innerhalb weniger Jahre realisierbar wird. Da der Zeithorizont kurz ist, eignen sich dafür vor allem sichere Anlageformen. Aktien sind aufgrund ihrer Schwankungen weniger geeignet, weil ein Kursrückgang kurz vor dem Kauf das Budget gefährden kann. Ein grosser ETF kann hingegen geeignet sein. Für ein Ziel wie ein Auto steht nicht die Rendite im Vordergrund, sondern die Verlässlichkeit, dass das Geld zum gewünschten Zeitpunkt bereitsteht.

Weltreise: Planbar, aber mit Flexibilität

Eine Weltreise ist ein emotionales Ziel, das oft mit einem mittleren Zeithorizont verbunden ist. Wer in drei bis fünf Jahren aufbrechen möchte, kann sicher einen Teil des Geldes investieren, sollte aber nicht zu viel Risiko eingehen. Eine Mischung aus sicheren Anlagen und ETFs ist sinnvoll, um das Budget etwas wachsen zu lassen, ohne die Reisepläne zu gefährden. Wichtig ist, dass das Geld spätestens ein halbes Jahr vor Abreise aus risikoreichen Anlagen herausgelöst wird, damit kurzfristige Schwankungen nicht zur Reiseabsage führen.

Immobilie: Ein grosses Ziel mit klaren Anforderungen

Der Kauf einer Immobilie ist für viele Menschen das wichtigste finanzielle Projekt ihres Lebens. Da das Eigenkapital zu einem festen Zeitpunkt benötigt wird, spielt Sicherheit eine zentrale Rolle. Wer fünf oder mehr Jahre Zeit hat, kann in ETFs oder Aktien investieren, sollte aber rechtzeitig vor dem Kauf wieder in stabile Anlagen wechseln. Immobilienziele verlangen deshalb eine sorgfältige Balance zwischen Wachstum und Sicherheit.

Ausbildung der Kinder: Planbar über viele Jahre

Die Ausbildung der Kinder ist ein Ziel. Zwischen Geburt und Studienbeginn liegen oft 15 bis 20 Jahre. Ein Zeitraum, der sich hervorragend für langfristige Anlagen eignet. Aktien in gestreuten Fonds sind sinnvoll, weil sie über viele Jahre hinweg ein attraktives Wachstumspotenzial bieten.

Altersvorsorge: Das wichtigste Langfristziel

Die Altersvorsorge ist das zentrale Anlageziel vieler Menschen. Sie erfordert einen langen Atem und eine klare Strategie. In der Schweiz spielt die **3. Säule, also das steuerbegünstigte Sparen** eine wichtige Rolle: Sie bietet Anlagen wie Aktienfonds. Da der Zeithorizont oft mehrere Jahrzehnte umfasst, sind ETFs ein besonders geeignetes Instrument, um Vermögen aufzubauen. Je früher man beginnt, desto stärker wirkt der Zinseszinseffekt.

Zeithorizonte der Anlage

1–2 Jahre: Sicherheit vor Rendite

Bei einem sehr kurzen Zeithorizont steht der Kapitalerhalt im Vordergrund. Aktien sind für diesen Zeitraum ungeeignet, weil selbst kleine Schwankungen das Ziel gefährden können. Kurzfristige Anlagen sollten stabil, liquide und verlässlich sein. Die wichtigste Frage lautet: Ist das Geld zu einem festen Zeitpunkt zwingend nötig? Wenn ja, hat Sicherheit oberste Priorität.

5 Jahre: Ein ausgewogener Ansatz

Ein Zeitraum von fünf Jahren erlaubt bereits eine gewisse Risikobereitschaft. Aktien können hier sinnvoll sein, allerdings nicht in zu hohem Anteil. Wer fünf Jahre Zeit hat, kann von Markterholungen profitieren, sollte aber darauf vorbereitet sein, das Risiko rechtzeitig zu reduzieren, wenn das Ziel näher rückt. Dieser Zeithorizont eignet sich gut für Mischstrategien, die sowohl Wachstum als auch Stabilität berücksichtigen.

Mehr als 10 Jahre: Der ideale Zeitraum für Aktien

Ein Anlagehorizont von zehn Jahren oder mehr ist optimal für Aktien und breit gestreute Fonds. Über lange Zeiträume gleichen sich Schwankungen aus, und die Wachstumsphasen dominieren. Historisch betrachtet haben Aktien über Jahrzehnte hinweg die höchsten Renditen erzielt. Wer langfristig investiert, profitiert vom Zinseszinseffekt und kann selbst grössere Börsenrückgänge aussitzen. Für Ziele wie Altersvorsorge oder Ausbildung der Kinder ist dieser Zeithorizont ideal.

Vermögenssituation: Risikofähigkeit

Einkommen und Sparfähigkeit

Die Grundlage jeder Anlageentscheidung ist das verfügbare Einkommen. Entscheidend ist nicht nur, wie viel jemand verdient, sondern wie viel davon realistisch zur Seite gelegt werden kann. Wer ein stabiles Einkommen hat und regelmässig sparen kann, hat mehr Spielraum für langfristige Anlagen und kann Schwankungen besser aussitzen. Umgekehrt sollte jemand mit unregelmässigem Einkommen oder hohen Fixkosten vorsichtiger planen. Die Sparfähigkeit bestimmt, wie viel Kapital überhaupt investiert werden kann und wie flexibel die Strategie sein darf.

Bestehendes Vermögen und Liquidität

Ein weiterer wichtiger Faktor ist das bereits vorhandene Vermögen. Liegt Geld auf der Seite, etwa auf einem Sparkonto oder in Form von Wertschriften und ermöglicht eine mutigere Anlageplanung. Wer bereits über liquide Mittel verfügt, kann einen grösseren Anteil seines Vermögens langfristig investieren, weil kurzfristige Schwankungen nicht sofort zu finanziellen Engpässen führen. Fehlt hingegen ein finanzielles Polster, sollte ein Teil des Vermögens bewusst in sicheren, jederzeit verfügbaren Anlagen gehalten werden.

Immobilien und bestehende Verpflichtungen

Ob jemand bereits eine Immobilie besitzt, beeinflusst die Vermögenssituation stark. Ein Eigenheim schafft Stabilität, bindet aber auch Kapital und bringt laufende Kosten mit sich. Wer bereits Wohneigentum hat, sollte prüfen, wie viel finanzieller Spielraum nach Hypothek, Unterhalt und Nebenkosten bleibt. Stehen grössere Ausgaben bevor, etwa Renovationen, ein Autokauf oder die Ausbildung der Kinder, muss dies in der Anlageplanung berücksichtigt werden. Solche Verpflichtungen reduzieren den Anteil des Vermögens, der langfristig investiert werden kann.

Notfallreserve: Das finanzielle Sicherheitsnetz

Bevor überhaupt investiert wird, braucht jeder Anleger eine Notfallreserve. Sie dient dazu, unerwartete Ausgaben wie Reparaturen, medizinische Kosten oder kurzfristige Einkommensausfälle abzufangen. Eine gängige Empfehlung ist, drei bis sechs Monatsausgaben als Reserve bereitzuhalten, sicher, liquide und ohne Kursrisiko. Diese Reserve ist kein „totes Kapital", sondern ein Schutzschild, das verhindert, dass man in ungünstigen Momenten gezwungen ist, Anlagen zu verkaufen.

Ableitung: Wie viel kann in welche Anlageklassen fliessen?

Aus der Kombination von Einkommen, Sparfähigkeit, Vermögensstruktur, Verpflichtungen und Notfallreserve ergibt sich das persönliche Anlageprofil. Erst wenn klar ist, wie viel Geld langfristig nicht benötigt wird, kann entschieden werden, welcher Anteil in risikoreichere Anlageklassen wie Aktien fliessen darf. Kurzfristig benötigtes Geld gehört in sichere Anlagen. Mittel- bis langfristig verfügbares Kapital kann breiter gestreut und renditeorientiert investiert werden. Die Vermögenssituation ist damit der Kompass, der bestimmt, wie mutig oder vorsichtig eine Anlagestrategie sein darf.

Risikofähigkeit in der App bestimmen

In der App findet sich in der Hauptseite in der Box Anlegerprofil ein Button «Risikofähigkeit», der zu einem Fragebogen führt, mit dem diese abgeschätzt werden kann. Das Resultat fliesst dann in die KI-Analyse «Portfolio analysieren» ein. Die KI nutzt die Risikofähigkeit bei der Beurteilung der Portfolios und gibt entsprechende Empfehlungen.

Risikobereitschaft

Emotionale Risikotoleranz: Wie viel Nervosität hält man aus?

Risikobereitschaft beginnt nicht bei Zahlen, sondern bei Gefühlen. Wenn die Kurse stark fallen, reagieren Anleger sehr unterschiedlich: Manche bleiben ruhig und sehen Schwankungen als normalen Bestandteil des Marktes. Andere werden nervös, verfolgen täglich die Nachrichten und verspüren den Drang, sofort zu handeln. Diese emotionale Reaktion ist entscheidend, denn sie bestimmt, ob man eine Strategie langfristig durchhalten kann. Wer bei jedem Kursrückgang Angst verspürt, wird kaum in der Lage sein, eine Aktienanlage über Jahre zu halten, selbst wenn sie langfristig die beste Rendite verspricht. Die eigene Risikotoleranz ehrlich einzuschätzen, ist deshalb ein zentraler Schritt jeder Anlageplanung.

Mühe mit Schwankungen:

Beispiel: Frau Sandmeiers nervenaufreibendes Jahr

Frau Sandmeier erhielt von ihrer Mutter einen Vorerbbezug von 80'000 Fr., damit sie das Eigenkapital für den geplanten Hauskauf bereitstellen konnte. Da der Kauf erst ein Jahr später stattfinden sollte, suchte sie nach einer Möglichkeit, das Geld zwischenzuparken. Auf Empfehlung ihres Umfelds liess sie sich überzeugen, das Geld in ein kleines Aktienportfolio zu investieren, in der Hoffnung, dass es in diesem Jahr vielleicht etwas Rendite abwerfen würde.

Doch schon nach wenigen Tagen merkte sie, dass diese Entscheidung sie emotional stark belastete. Jeden Morgen hörte sie im Radio die neuesten Börsennachrichten und klammerte sich besonders an die Entwicklung des Nikkei-Index. Fiel dieser um ein paar Punkte, bekam sie Angstzustände. Sie stellte sich vor, wie das von der Mutter hart ersparte Eigenkapital für ihr zukünftiges Zuhause dahinschmolz. Die täglichen Schwankungen, die für erfahrene Anleger normal sind, wurden für sie zu einer ständigen

Quelle von Stress und Unsicherheit.

Als das Jahr vorbei war und sie die Aktien ohne Verlust verkaufen konnte, war sie erleichtert. Für sie stand fest: Nie wieder Aktien. Die seelische Belastung war den möglichen Gewinn nicht wert gewesen.

Learning: Risiko muss zur Persönlichkeit passen

Die Geschichte von Frau Sandmeier zeigt eindrücklich, dass Aktien nicht für jeden die richtige Anlageform sind, zumindest nicht für kurzfristige Ziele oder für Menschen, die stark unter Verlustängsten leiden. Aktien schwanken täglich und wer diese Schwankungen emotional nicht aushält, trifft oft unüberlegte Entscheidungen oder lebt in ständiger Sorge. Eine gute Anlage ist nicht nur eine Frage der Rendite, sondern auch der persönlichen Risikotoleranz. Für manche Menschen ist ein ruhiger Schlaf wertvoller als ein möglicher Gewinn.

Risikotragfähigkeit: Welcher Verlust wäre verkraftbar?

Neben der emotionalen Komponente spielt die Risikotragfähigkeit eine Rolle: Welchen Anteil des Vermögens könnte man verlieren, ohne dass der Alltag oder wichtige Ziele gefährdet werden? Wer ein stabiles Einkommen, eine solide Notfallreserve und keine kurzfristigen Verpflichtungen hat, kann mehr Risiko tragen als jemand, der jeden Franken benötigt oder bald grössere Ausgaben plant. Die Risikotragfähigkeit setzt damit den Rahmen, wie viel Kapital überhaupt in Anlagen mit höheren Schwankungen fliessen darf.

Der Anteil des Vermögens für risikoreiche Anlagen

Aus emotionaler Risikotoleranz und finanzieller Risikotragfähigkeit ergibt sich schliesslich die Frage: Welcher Teil des Vermögens darf in Anlagen mit höherem Risiko und höheren Renditechancen investiert werden? Für manche Anleger sind 20 % Aktien bereits viel, während andere problemlos 70 % oder mehr in Aktien halten können. Entscheidend ist, dass der risikoreiche Anteil so gewählt wird, dass man auch in schwierigen Marktphasen ruhig bleibt und nicht in Panik verkauft. Eine gute Faustregel lautet:

Der risikoreiche Teil des Vermögens sollte so gross sein, dass er langfristig attraktiv ist, aber so klein, dass man nachts trotzdem gut schlafen kann.

Risikobereitschaft in der App bestimmen

In der App findet sich auf der Hauptseite in der Box Anlegerprofil ein Button «Risikobereitschaft», der zu einem Fragebogen führt, mit dem diese abgeschätzt werden kann. Das Resultat fliesst dann in die KI-Analyse «Portfolio analysieren» ein. Die KI nutzt die Risikobereitschaft bei der Beurteilung der Portfolios und gibt entsprechende Empfehlungen.

Psychologie des Investierens

Verlustaversion

Menschen empfinden Verluste emotional stärker als gleich große Gewinne. Ein Minus von 10 % schmerzt mehr, als ein Plus von 10 % Freude bereitet. Diese Verlustaversion führt dazu, dass Anleger zu früh verkaufen, um „Schlimmeres zu verhindern", oder zu lange an Verlustpositionen festhalten, um den Schmerz nicht zu realisieren. Rationales Investieren verlangt, diesen Reflex zu erkennen und Entscheidungen auf Basis von Strategie, statt Emotion zu treffen.

Angst, etwas zu verpassen: Fear Of Missing Out (FOMO)

Die Angst, etwas zu verpassen, treibt viele Anleger in überhitzte Märkte. Wenn Kurse steigen und Medien von Rekorden berichten, entsteht das Gefühl, „dabei sein zu müssen". FOMO führt zu Käufen auf dem Höhepunkt oft kurz bevor die Korrektur beginnt. Erfolgreiche Investoren widerstehen diesem Impuls und halten sich an ihre langfristige Strategie.

Panikverkäufe

In Krisenmomenten schaltet das rationale Denken ab. Kursstürze lösen Angst aus, und viele Anleger verkaufen reflexartig genau dann, wenn die Preise am niedrigsten sind. Panikverkäufe zerstören langfristige Renditen, weil sie Verluste realisieren und den Wiedereinstieg erschweren. Wer seine Risikofähigkeit kennt und ein robustes Portfolio hat, kann solche Phasen aussitzen.

Zu häufiges Handeln: Overtrading

Zu häufiges Handeln ist eine Form der Selbsttäuschung: Man glaubt, durch Aktivität Kontrolle zu gewinnen. In Wahrheit erhöhen häufige Käufe und Verkäufe die Kosten und senken die Rendite. Overtrading entsteht oft aus Ungeduld oder dem Wunsch, „etwas zu tun“. Disziplin bedeutet, nichts zu tun, wenn die Strategie bereits funktioniert.

Tipp:

«Hin und Her macht Taschen leer.» Damit sind Gebühren gemeint. Wenn Du tradest, verdienen die Banken, Brooker, Händler aber sehr wahrscheinlich Du nicht.

Überbewerten der jüngsten Ereignisse: Recency Bias

Menschen gewichten jüngste Ereignisse übermäßig stark. In einer Rallye glauben viele, dass es ewig so weitergeht; nach einem Crash, dass es nie wieder steigt. Dieser Recency Bias verzerrt Erwartungen und führt zu falschen Entscheidungen. Wer langfristig denkt, betrachtet historische Zyklen und erkennt: Märkte schwanken, aber sie wachsen über Zeit.

Wie man Finanzmedien richtig einordnet

Börsenindizes wie der SMI, DAX oder S&P 500 tauchen täglich in den Nachrichten auf. Sie sind ein grober Stimmungsindikator, mehr nicht. Ein Plus von 1 % oder ein Minus von 2 % sagt wenig über die langfristige Entwicklung aus und noch weniger über das eigene Portfolio. Wer auf diese kurzfristigen Bewegungen reagiert, handelt meist impulsiv statt strategisch. Für langfristige Anleger gilt: Indizes beobachten, aber nicht darauf reagieren.

Die klassischen Börsenseiten in Zeitungen listen vor allem Einzelaktien, Rohstoffe und Währungen auf. Für moderne Anleger, die überwiegend mit ETFs investieren, bieten sie kaum Mehrwert. ETFs erscheinen dort selten oder gar nicht, und die täglichen Kurslisten verleiten eher zu kurzfristigem Denken. Wer langfristig investiert, braucht keine täglichen Tabellen sondern eine klare Strategie.

In der App kann man das Portfolio, das man selber hat abbilden und verfolgen, wie es sich entwickelt. Das sollte man nicht zu häufig tun, aber es kann auch beruhigend sein, wenn die Schwankung im eigenen Portfolio kleiner ist als bei einem Index, den man in den Nachrichten hört.

Social Media ist voll von Finanz-Influencern, die „Geheimtipps“, „sichere Gewinne“ oder „die nächste Rakete“ versprechen. Doch niemand kann den Verlauf der Börsenkurse zuverlässig vorhersagen. Viele Tipps basieren auf persönlichen Meinungen, nicht auf Daten. Manche Influencer verdienen sogar an Produkten, die sie empfehlen. Wer zu viel davon konsumiert, wird unruhig, vergleicht sich ständig und verliert die eigene Strategie aus den Augen. Besser: sparsam konsumieren, kritisch bleiben und auf breite, wissenschaftlich fundierte Ansätze setzen.

Beispiele

Hier führen wir ein paar Beispiele für Anleger auf und einer Empfehlung für deren Geldanlagen.

Lena Simeon, 23 -> Sparen

Lena ist 23, hat gerade ihre erste Vollzeitstelle als Marketing-Assistentin angetreten und verdient rund 4'800 CHF netto. Sie wohnt in einer WG in Zürich, hat keine Schulden und etwa 3'000 CHF auf dem Sparkonto. Finanzen waren für sie bisher eher ein Nebenthema – sie hat zwar immer „ein bisschen" gespart, aber ohne Plan oder Ziel. Jetzt, mit dem ersten richtigen Einkommen, merkt sie, dass sie ihre Zukunft aktiver gestalten möchte. Gleichzeitig fühlt sie sich von der Informationsflut rund ums Investieren überfordert und hat Angst, Fehler zu machen.

Lenas Ziele und Anlagehorizont

Lena hat drei klare Ziele:

1. **Ein Notgroschen** von 6'000–10'000 CHF, um sich sicherer zu fühlen.
2. **Mittelfristig** möchte sie Vermögen aufbauen, um später flexibler zu sein – sei es für eine Weiterbildung, eine längere Reise oder einfach mehr finanzielle Freiheit.
3. **Langfristig** möchte sie genug Eigenkapital haben, um sich einmal eine kleine Eigentumswohnung leisten zu können.

Ihr Anlagehorizont ist also **gemischt**: ein Teil kurz- bis mittelfristig (Wohnung), ein Teil langfristig (Vermögensaufbau). Das macht eine klare Struktur und saubere Trennung der Töpfe besonders wichtig.

Lenas Risikofreudigkeit

Lena ist grundsätzlich offen für Investitionen, aber sie ist vorsichtig. Schwankungen machen sie nervös – schon ein Minus von 5 % fühlt sich für sie unangenehm an.

Tipp:

80 % des Anlageerfolgs sind Psychologie. Freue dich bewusst, dass du mit einem Welt-Aktien-Index ETF „dabei“ bist, statt der perfekten Analyse hinterherzu-

	laufen.

Gleichzeitig weiss sie, dass sie jung ist und langfristig mehr Risiko tragen könnte. Sie ist also **risikoscheu, aber lernbereit**.

Anlage-Empfehlung

Für Lena gibt es nur eine Empfehlung und die lautet Sparen. Lena muss entscheiden, wie viel Geld sie pro Monat sparen kann, ohne sich zu sehr einzuschränken. Beim Sparen braucht es Disziplin. Am besten legt jeden Monat einen fixen Betrag auf die Seite. Bei 4'800 Fr. Einkommen sollten 300 Fr. pro Monat möglich sein. Als Startpunkt könnte sie schon einmal 2'000 Fr. von den 3'000 Fr. Guthaben anlegen, auch wenn sie dann den Notgroschen von 6'000 Fr. noch nicht hat. Immerhin: Bei 300 Fr. pro Monat macht das im Jahr 3’600 aus.

Als Anlage-Vehikel empfiehlt sich ein passiver Index-Fond (ETF). Wenn sie das Währungsrisiko nicht eingehen will, wählt sie einen ETF im Heimmarkt. Wenn sie sich global absichern will, kommt auch ein MSCI (World Index Fond) in Frage. Diese ETFs sind sehr liquide und können auch als Notgroschen dienen. Wenn wirklich Not am Mann ist, nimmt gegebenenfalls auch einen kleinen Kursverlust in Kauf.

Am besten richtet sie einen Dauerauftrag bei der Bank ein, mit dem jeden Monat für den gewählten Sparbetrag ETF-Anteile gekauft werden. Da nur auf einen ETF gesetzt wird, muss dann nichts entschieden werden. Wenn die Minimalziele erreicht sind, kann Lena an eine breitere Anlagestrategie denken.

Mit einer Rendite von 4% könnte Lena so Vermögen ansparen. Geht man davon aus, dass ihr Gehalt mit der Zeit steigen wird, könnte sie den Sparbetrag mit der Zeit auf 500 Fr. (Jahr 6-10) und 700 Fr. (Jahr 11-15) erhöhen. Dann kämen folgende Beträge zusammen:

- in 5 Jahren: 21'000 Fr.
- in 10 Jahren: 57'000 Fr.
- in 15 Jahren: 115'000 Fr.

Falls wie zu erwarten die Rendite von ETFs höher ausfallen, wären diese Beträge wesentlich höher. Es braucht aber Ausdauer und Geduld.

Tim Burmann -> Sportwagen

Tim ist 28 und arbeitet als Informatiker. Mit 6'400 Fr. netto verdient er solide, aber er merkt, dass am Monatsende oft weniger übrigbleibt, als er erwartet. Er lebt allein in einer kleinen Mietwohnung und gönnt sich gerne Technik-Gadgets, spontane Wochenendtrips und gutes Essen. Auf dem Sparkonto liegen rund 10'000 CHF. Mehr ist nie zusammengekommen, weil er bisher ohne Budget gelebt hat. Er weiss, dass er eigentlich sparen sollte, fühlt sich aber von Finanzthemen schnell gelangweilt oder überfordert. Gleichzeitig hat er das Gefühl, „etwas zu verpassen", wenn er nicht investiert. Er ist ein Fan von schnellen Sportautos und möchte sich in 3-5 Jahren einen Wagen für 70-80'000 Fr. kaufen können.

Tims Ziele und Anlagehorizont

Tim hat zwei Hauptziele:

1. **Kurzfristig** möchte er endlich einen Notgroschen aufbauen, damit unerwartete Ausgaben ihn nicht aus der Bahn werfen.

2. **Mittelfristig** möchte er schnell Vermögen aufbauen, um sich in 3-5 Jahren einen Sportwagen kaufen zu können.

3. **Langfristig:** möchte er das Eigenkapital aufbauen, um einmal eine Wohnung oder ein Haus kaufen zu können.

Das Eigenheim ist für ihn aktuell kein Thema. Das gibt ihm theoretisch viel Spielraum für renditestärkere Anlagen, auch wenn er das selbst noch nicht so sieht.

Tims Risikofreudigkeit

Tim ist grundsätzlich neugierig und offen für Investitionen, aber er ist impulsiv. Er lässt sich schnell von Trends, Social-Media-Hypes oder Kollegen beeinflussen. Ein starker Kursanstieg macht ihn euphorisch, ein kleiner Rücksetzer verunsichert ihn sofort. Er ist also **risikofreudig im Kopf, aber risikoscheu im Verhalten**.

Er braucht Strategien, die:

- klare Regeln haben
- ihn vor spontanen Fehlentscheidungen schützen
- breit diversifiziert sind
- ihm helfen, Emotionen zu kontrollieren.

Für Tim ist die App besonders wertvoll: Sie kann ihm zeigen, wie impulsive Entscheidungen langfristig wirken – ohne dass er echtes Geld verliert.

Empfehlung für Tim

Seinen Traum vom Sportwagen kann sich Tim nur erfüllen, wenn er kräftig spart. Von den 10'000 Fr. Sparguthaben müsste er einen grossen Teil z.B. 7'000 Fr. anlegen. Aber ähnlich wie Lena muss auch er monatlich einen fixen Betrag anlegen. Wenn er in 4 Jahren 80'000 Fr. angespart haben will, muss er pro Monat um die 1'400 Fr. sparen, sonst dauert es länger. Wenn er 5 Jahre warten kann, braucht es nur 1'100 Fr. pro Monat jeweils unter der Annahme, dass er 4% Rendite auf der Anlage hat.

Nehmen wir an, er spart die ersten 5 Jahre 1'100 Fr., die nächsten 5 Jahre 1'300 Fr. und dann 1'500 Fr., dann kommen grosse Summen zusammen.

- in 5 Jahren: 77'000 Fr.
- in 10 Jahren: 177'000 Fr.
- in 15 Jahren: 310'000 Fr.

ETF-Sparplanrechner

Neben der Portfolio-App haben wir einen ETF-Sparplanrechner als WEB-Applikation entwickelt. Der ETF-Sparplanrechner zeigt dir, wie stark regelmäßiges Investieren über die Zeit wirkt. Du kannst damit ausrechnen, welche Summe entsteht, wenn du jeden Monat einen festen Betrag in ETFs einzahlst inklusive Zinseszinseffekt.

Ebenso kannst du berechnen, wie lange du sparen musst, um einen bestimmten Zielbetrag zu erreichen, oder welchen monatlichen Beitrag du dafür benötigst. So bekommst du ein realistisches Gefühl dafür, wie sich langfristiges Sparen entwickelt und welche Beträge in welchem Zeitraum erreichbar sind.

Der Zinssatz spielt bei jeder Sparplanberechnung eine zentrale Rolle, denn er bestimmt, wie stark dein Vermögen durch den Zinseszinseffekt wächst. Historisch haben breit gestreute Aktien-ETFs langfristig Renditen von etwa 7–8 % pro Jahr erzielt. Für deine Planung kannst du aber auch konservativer rechnen etwa mit 4–6 %, um realistische oder vorsichtige Szenarien abzubilden. So siehst du auf einen Blick, wie stark unterschiedliche Renditeannahmen den Endbetrag oder die benötigte Sparzeitraum beeinflussen.

Hier der Link zum ETF-Sparplanrechner:

https://etfsparplanrechner.netlify.app

Schlussfolgerungen

Wer Vermögen aufbauen will, muss Geld, das nicht unmittelbar benötigt wird, auf die Seite legen. Ohne Sparen geht es nicht. Gespart wird am effektivsten, indem man jeden Monat einen fixen Betrag auf ein Sparkonto einzahlt.

Da Sparkonten im heutigen Umfeld nur wenig, bis keine Zinsen abwerfen und weil Geld wegen der Inflation kontinuierlich an Wert einbüsst, muss dieses Geld angelegt werden. Der bekannte Zinseszins-Ertrag bringt nur etwas, wenn es auch einen Zins von 4% pro Jahr oder mehr gibt. Das ist leider bei Sparkonten nicht mehr der Fall.

Bei Wertanlagen wie Aktien, ETFs oder Gold gibt mittel- bis langfristig ungefähr 6-8% Ertrag. Allerdings können die Werte stark schwanken. Dann braucht es starke Nerven, um Panikreaktionen zu vermeiden. In den Börsencrashs, Finanz- und Wirtschaftskrisen der letzten Jahrzehnte hat es meist nicht lange gedauert, bis die Verluste wieder wettgemacht waren.

Da man die Schwankungen auch mit den ausgeklügeltsten Methoden nicht voraussagen kann, gibt es keinen idealen Zeitpunkt zum Kaufen oder Verkaufen von Wertschriften. Deshalb empfiehlt es sich, zu kaufen, wenn man Geld hat, das nicht unmittelbar benötigt wird und die Wertschriften zu halten.

Da man nie genau weiss, welche Firmen gut im Markt abschneiden und welche untergehen, ist die Anlage in einzelne Aktien mit "hohem" Risiko verbunden. Deshalb sollte man sein Geld auf mehrere Titel verteilen. Das nennt man Diversifikation und es reduziert das Risiko, bringt aber auch weniger Rendite, als wenn man zufällig eine Aktie gefunden hätte, die stärker steigt als der Rest der Aktien.

Mit einem passiven ETF kann man eine Diversifikation erreichen, die man selbst nicht nachbilden könnte. Es gibt ETFs die den Heimmarkt (Indexfonds), die Geographie (Asien, Nordamerika) oder Branchen (High-Tech, Pharma, Biotech, Energie, Rüstung, Rohstoffe) abbilden. Wenn man eine Firma gut kennt, wie z.B. die Firma, in der man arbeitet (gilt nur für grössere börsenkotierte Firmen), kann man solche Einzeltitel auswählen.

Mit der App, die dieses Buch begleitet, kann man sich orientieren, wie Anlagen sich in den letzten 10 Jahren bewährt hätten. Meist zeigt sich, dass die jährliche Rendite kurzfristig stark schwanken kann, aber über 5, 10 oder mehr Jahre regelmässig 6-8% abwerfen.

Am einfachsten macht man die Börsengeschäfte über seine bestehende Bank. Dort kann man auch Beratung bekommen. Allerdings haben die normalen Banken oft höhere Gebühren oder versuchen in der Beratung eigene Produkte anzubieten, die nicht unbedingt empfehlenswert sind. Auch hier kann die App helfen, die Angebote zu beurteilen.

Es gibt auch neue online-Bankangebote mit Robobanking (automatisierte Beratung). Diese haben oft günstigere Konditionen, sie sind aber noch nicht gut etabliert. Da geben wir keine Empfehlung ab.

Wenn man mit dem Sparen beginnt, empfiehlt es sich, ein separates Sparkonto zu machen und diesem jeden Monat einen fixen Betrag zu überweisen. Dann sollte man sich für einen ETF entscheiden und jeden Monat für den zur Seite gelegten Betrag diesen ETF zukaufen, am besten mit einem Dauerauftrag. Wenn man so in ein paar Jahren einen Grundstock gelegt hat, kann man entscheiden, ob man weitere Titel dazu nehmen soll.

Über die Autoren

Leo Th. Schrutt

Er ist einer der führenden Experten im internationalen Banking in der Schweiz. Er arbeitete für die Schweizerische Nationalbank und hatte Spitzenpositionen beim Bankverein, der UBS sowie Julius Baer inne, wo er als Chief Investment Officer, für Asset Management und Research verantwortlich war. Er ist Mitglied mehrerer Verwaltungsräte, Berater internationaler Institutionen und war Professor an der Universität für Statistik und Finanzmathematik.

Markus Enz

Als promovierter theoretischer Physiker arbeitete er in der Informatik mehrerer grosser Unternehmen in den Bereich Pharma und MedTech. Er war auch CIO in einem Industrieunternehmen. Das Anlagegeschäft kennt er aus eigener Erfahrung seit den 1980er Jahren. Dabei überstand er mehrere grössere Börsencrashs und entwickelte die nötige Gelassenheit und ein Verständnis dafür, was in Bezug auf Anlagen möglich ist und was nicht.

Hat dir dieses Buch gefallen?

Dann würden wir uns sehr freuen, wenn du dir einen Moment Zeit nimmst, um eine ehrliche Rezension zu schreiben.

https://www.amazon.de/review/create-review?asin=3033122248

Jede Rückmeldung, ein kurzer Text oder einfach eine Sternebewertung, hilft uns enorm weiter und unterstützt unsere Arbeit.

Vielen Dank, dass du uns hilfst, das Buch für andere Leserinnen und Leser sichtbar zu machen.